Beck'sche Reihe
BsR 419

Die Rundfunkansprachen von Leo Prijs zur Einstimmung auf den Sabbat, den „Sonntag“ der Juden, erfreuen sich bei jüdischen und nichtjüdischen Hörern großer Beliebtheit. Selbst im orthodoxen Judentum verwurzelt und ein hervorragender Kenner seiner Geschichte und Literatur, weiß der Professor für Judaistik immer wieder Überraschendes zu berichten: Legenden und Sagen über Abraham, Moses und Salomo; Erzählungen über talmudische Gestalten; Beispiele aus der Lehre vom rechten Leben; chassidische Geschichten von einfachen Menschen; Historisches zum Sabbat, zur Synagoge, zur Kindererziehung im Judentum; schließlich Erfahrungen mit dem ‚Heiligen Land‘ heute.

Leo Prijs, 1920 in Breslau geboren, wuchs in München auf, wo sein Vater an der jüdischen Gemeinde als Rabbiner und an der Universität als Dozent für Judaistik wirkte. Leo Prijs besuchte in München die jüdische Volksschule und drei Klassen des Wilhelmsgymnasiums. 1933 emigrierte die Familie nach Basel, wo Leo Prijs nach Absolvierung des Abiturs semitische Sprachen studierte. Promotion 1948 mit der Arbeit „Jüdische Tradition in der Septuaginta“. 1957–1960 Dozent für Bibelwissenschaft an der Bar-Ilan Universität bei Tel Aviv. Seit 1962 Dozent und seit 1968 Professor für Judaistik an der Universität München, lebt Leo Prijs seit seiner Emeritierung 1987 in London. Zahlreiche wissenschaftliche Bücher und Artikel zur mittelalterlichen jüdischen Bibelexegese. In der Beck'schen Reihe (Band 261) liegt von ihm vor in 2. Auflage: Die Welt des Judentums.

LEO PRIJS*

Worte zum Sabbat

Über die jüdische Religion

VERLAG C.H.BECK MÜNCHEN

CIP-Titelaufnahme der Deutschen Bibliothek

Prijs, Leo:
Worte zum Sabbat : über die jüdische Religion / Leo Prijs.
– Orig.-Ausg. – München : Beck, 1990
(Beck'sche Reihe ; 419)
ISBN 3 406 34011 3
NE: GT

Originalausgabe
ISBN 3 406 34011 3

Einbandentwurf von Uwe Göbel, München
Umschlagbild: Rabbiner. Buchillustration um 1905
von Ephraim Mose Lilien, 1874–1925
(Archiv für Kunst und Geschichte, Berlin).

Gesamtherstellung: C. H. Beck'sche Buchdruckerei, Nördlingen
Printed in Germany

Inhalt

Einleitung

1. Zur Entstehung der jüdischen Religion

Die Wurzeln der jüdischen Religion liegen nach dem biblischen Bericht in der Gotteserkenntnis Abrahams, des Stammvaters des jüdischen Volkes. Der eigentliche Stiftungsakt der jüdischen Religion fand aber erst am Sinai statt, in Form eines von Gott durch Vermittlung des Moses mit den Israeliten geschlossenen, auch für deren Nachkommen gültigen Bundes, dessen Klauseln in der Tora (= »Lehre«), das sind die fünf Bücher des Moses in der Bibel, niedergelegt sind. In diesem Sinai-Bündnis erhält Israel die Zusicherung göttlichen Schutzes unter der Bedingung, daß es die in der Tora vorgeschriebenen Gebote und Verbote hält. Nach dem Bericht dieser Tora selbst fand der Bündnisschluß fünfzig Tage nach der Befreiung aus ägyptischer Knechtschaft statt. Das Endziel der Wüstenwanderung, die Inbesitznahme des Landes Kanaan, wird in diesem Bündnisvertrag oft erwähnt, ist aber nicht Bedingung für den Bestand der Religion. So blieb auch nach dem späteren Verlust der Eigenstaatlichkeit und des Zentralheiligtums, zuletzt im Jahre 70 n. Chr., die Kontinuität der jüdischen Religion gewahrt, nur trat anstelle der Opfer das Gebet und das Geldopfer für die Armen.

Aus dem gleichen Grund, aus dem der frühere Verlust des Staates sich nicht im negativen Sinn als entscheidend für die Religion erwiesen hat, darf auch die Wiedererrichtung des jüdischen Staates im Jahre 1948 vom rein religiösen Standpunkt aus nicht überbewertet werden. Vielmehr bleibt der Sinai-Bund wie eh und je der »élan vital«, die lebenserhaltende Kraft, die über räumliche und zeitliche Distanz hinweg sich bisher noch stets als einigender Faktor des Judentums erwiesen hat. Damit soll die überragende Bedeutung, die das Heilige

Land und insbesondere Jerusalem in der jüdischen Religion einnimmt, keineswegs vermindert werden.

2. *Über das Wesen der jüdischen Religion*

Da das Judentum eine Inkarnation, d.h. die Menschwerdung Gottes, und eine göttliche Dreieinigkeit (wie im christlichen Glauben) ablehnt, fallen die damit verbundenen dogmatischen Erörterungen weg. Mit gewissen Unterschieden, wie den soeben genannten, sind die jüdischen Dogmen jedoch auch jüdisch-christliches Gemeingut: Sie betreffen die ewige Existenz Gottes, die Schöpfung der Welt durch Gott, den Glauben an Offenbarung, an Prophetie, an das Weiterleben der Seele nach dem Tod, an die Wiederauferstehung der Toten und an den Messias, der aber nach jüdischer – im Gegensatz zur christlichen – Auffassung noch erwartet wird.

Was vom christlich-abendländischen Denken her als besonderes Charakteristikum der jüdischen Gesetze erscheint, ist vor allem die Tatsache, daß nicht nur die rein religiösen Vorschriften ritueller und zeremonieller Art (wie Beschneidung, Gottesdienst, Speisevorschriften) den religiösen Instanzen unterstellt sind, sondern auch das ganze Zivil- und Kriminalrecht. Beide Arten von Vorschriften werden in der gleichen Traditionsliteratur behandelt, beide unterstehen der gleichen Gerichtsbarkeit, beide werden in ihrer Wurzel auf das Sinai-Gesetz, die Tora, zurückgeführt. Mit anderen Worten: Das rabbinische Gericht entscheidet auch in Fragen zwischen Mein und Dein, in Fragen des Fundrechts, Depositenrechts, Darlehensrechts, Erbrechts etc. Für die Länder der Diaspora, d.h. in denen die Juden in der Zerstreuung leben, gilt freilich die Regel, daß das Zivil- und Strafrecht des betreffenden Landes auch für die Juden Gültigkeit besitzt. Falls sich aber zwei jüdische Parteien, etwa in einem finanziellen Streitfall, freiwillig einem rabbinischen Schiedsgericht unterwerfen, fällt der Rabbiner auch heute noch mit Hilfe der traditionellen Rechtskodizes, die laufend der modernen Zeit angepaßt werden, einen Schiedsspruch. Im heutigen

Staat Israel ist die rabbinische Rechtsprechung auf den Zivilstand – Heirat, Geburt, Scheidung etc. – beschränkt. Es ist eine bekannte Tatsache, daß viele Juden, auch im Staat Israel, heute einen Teil der Zeremonialgesetze nicht mehr einhalten. Es ist dies ein Säkularisierungsprozeß, der ja auch – mutatis mutandis – für die christliche Religion gilt.

3. Literarische Grundlagen der jüdischen Religion

Schriftlich fixiert sind die Gesetze, wie gesagt, in der Tora, ferner in dem unter dem Namen Babylonischer Talmud bekannten Mammut-Sammelwerk, das auf ca. 3000 teils hebräisch, teils arabisch beschriebenen Folioseiten die Verhandlungen und Diskussionen der jüdischen Gelehrtenakademien von ca. 200 vor bis ca. 500 nach Chr. enthält. Dabei werden durch Gedankenassoziation vom rein Gesetzlichen aus alle Gebiete des menschlichen Wissens und menschlichen Interesses erfaßt. Der Reiz des Talmudstudiums besteht daher nicht nur darin, sich in die Quellen des Gesetzes zu vertiefen, vielmehr wird das schwierige Durcharbeiten einer jeden Seite, eines jeden »Blattes«, belohnt durch Einblicke in den Geist, die Kultur, die Wissenschaft und die Religion des alten und frühmittelalterlichen Orients. »Der Talmud trägt als Ganzes enzyklopädischen Charakter und gibt mittel- oder unmittelbar über alle Lebensäußerungen des Judentums am Ausgang des Altertums und zu Beginn des Mittelalters Auskunft: der in ihm vereinigte Stoff ist zugleich Bibelerklärung wie selbständiges, vom Biblischen unabhängiges Gut.« (Lexikon des Judentums, 1971, S. 792)

Auf der Grundlage des Talmuds arbeiteten die Gesetzeslehrer der folgenden Generationen weiter, durch teils monographische, teils systematische Behandlung des Stoffes. Ich nenne nur die Gesetzeskodizes des 1204 gestorbenen Maimonides (Moses ben Maimon) und des 1575 gestorbenen Josef Karo. Die nachtalmudische Literatur beschränkt sich nicht auf das Gesetzliche im engeren Sinn des Wortes. Vielmehr behandelt sie auch religiöse Themen am Rande des Gesetzes wie Moral, Ethik und

Homiletik (Predigtlehre) sowie Themen, die nur indirekt die Religion berühren wie Legenden, Volkserzählungen und Reisebeschreibungen.

Auch wir wollen uns in der folgenden Auswahl nicht auf das rein Gesetzliche beschränken.

Weiterführende Literatur vom gleichen Autor:

Die Welt des Judentums. Religion, Geschichte, Lebensweise. Mit 38 Abbildungen im Text. Beck'sche Reihe 261, München 1982. 2. Aufl. 1984.

Begegnung mit dem Judentum. Herderbücherei 1183, Freiburg 1986.

Du, unser Vater. Gebete aus dem Judentum. Herderbücherei 1567, Freiburg 1988.

I. Biblische Gestalten in jüdischen Legenden und Sagen

1. Abraham

Der biblische Bericht über den Erzvater Abraham wird kommentiert, ergänzt und vertieft durch eine Reihe von Legenden, die sich verstreut in der talmudischen Literatur finden und in hebräischer und aramäischer Sprache überliefert sind.

Über die Geburt und die Jugendzeit Abrahams erfahren wir in der Bibel nur, daß er im Lande der Chaldäer geboren wurde und daß sich sein Vater Térach später mit seinem Sohn Abraham, dessen Frau Sarah und anderen Familienangehörigen aufmachte, um nach dem Land Kanaan auszuwandern, daß sie jedoch nur bis zur Stadt Háran gelangten (Gen. 11, 26–32). Als Abraham fünfundsiebzig Jahre alt war, offenbarte sich ihm Gott und befahl ihm, sich in das Land Kanaan zu begeben. Abraham gelangte diesmal tatsächlich dorthin (Gen. 12, 1–5). Wir erfahren also nichts über die Jugendzeit Abrahams und über die Art und Weise, wie er zur Gotteserkenntnis gelangte und wie er sich mit dieser Erkenntnis in der heidnischen Umwelt zurechtfand.

Hier setzt nun die Legende ein. Die Umstände seiner Geburt schildert sie so: »In der Stunde, da Abraham geboren wurde, erhob sich ein Stern im Osten und verschlang vier Sterne, je einen in den vier Himmelsrichtungen. Da sagten die chaldäischen Sterndeuter zu Nimrod, dem gewaltigen Jäger (Gen. 10, 8–9), der nach der Tradition damals die Welt regierte: ›Zu dieser Stunde wird dem Térach ein Sohn geboren, dessen Nachkommen unseren Götterkult vernichten werden. Wir raten dir, dem Térach ein Haus voll Silber und Gold zu geben, damit er uns dafür seinen neugeborenen Sohn zur Tötung übergibt.‹ Sofort sandte Nimrod Boten zu Térach und ließ ausrichten: ›Ein Sohn wurde dir soeben geboren. Liefere ihn mir zur Tötung aus, wofür ich dir ein Haus voll Silber und Gold geben werde.‹ Térach antwortete mit folgendem Gleichnis: ›Dieses Angebot gleicht dem Angebot an ein Pferd, ihm ein Haus voll Hafer zu schenken, unter der Bedingung, daß es sich den Kopf abhauen lasse. Da sprach das Pferd: Ihr Dummköpfe! Wenn Ihr meinen Kopf abhaut, wer wird den Hafer fressen? Das gleiche gilt für mich‹ – schloß Térach – ›wenn Ihr meinen Sohn tötet, wer wird das Gold und Silber erben, das Ihr mir geben wollt?‹ Was tat Térach? Er versteckte seinen Sohn drei Jahre in einer Höhle.«

Eine andere Legende schildert, wie Abraham schon als Kind zur Gotteserkenntnis gelangte: »Als Abraham drei Jahre alt war, verließ er die Höhle. Eines Tages sann er bei sich nach: ›Wer hat wohl Himmel und Erde und mich erschaffen? Vielleicht die Sonne?‹ Da betete er den ganzen Tag zur Sonne. Am Abend ging die Sonne im Westen unter und der Mond ging im Osten auf, umgeben von Sternen. Da sagte Abraham bei sich: ›Dieser Mond ist es, der Himmel und Erde und mich geschaffen hat, und diese Sterne sind seine Diener.‹ Da verharrte er die ganze Nacht im Gebet zum Mond. Am Morgen ging der Mond unter und die Sonne ging wieder auf. Da sagte sich Abraham: ›Weder die Sonne noch der Mond sind allmächtig. Beide haben einen Herrn über sich; zu *ihm* bete ich; vor *ihm* bücke ich mich.‹ So gelangte Abraham zur Erkenntnis des einzigen Gottes.« (Beide Legenden: Beth Hamidrasch II)

Wie sich Abraham in der Folgezeit – noch bevor Gott sich ihm offenbarte – zu einem eifrigen Vorkämpfer des monotheistischen Glaubens inmitten einer heidnischen Welt entwickelte, schildert eine andere Legende (Genesis rabba 38) anhand eines drastischen Beispiels: »Im Elternhaus Abrahams pflegte man Götzenbilder herzustellen und sie auf dem Markt zu verkaufen. Die Familienmitglieder übernahmen der Reihe nach den Verkauf. Eines Tages war Abraham an der Reihe. Da kam auch schon ein Mann, der sich für den Ankauf eines Götzen interessierte. Abraham fragte ihn, scheinbar diensteifrig, ob er besondere Wünsche habe. Der prospektive Käufer antwortete: ›Ich bin ein starker Mann, daher möchte ich einen Gott haben, der so stark ist wie ich.‹ Da empfahl ihm Abraham dasjenige Götzenbild, das zuoberst über allen anderen lag. Der Kauf kam zustande, und der Käufer war im Begriffe mit dem Götzenbild wegzugehen, als ihn Abraham fragte: ›Wie alt bist Du?‹ – ›Siebzig Jahre‹, antwortete jener. ›Weh Dir‹, rief Abraham aus, ›der Du siebzig Jahre alt bist und Dich vor diesem da bückst, der erst heute entstanden ist!‹ Da warf der Käufer den Götzen zurück und ging weg.«

Während Abraham in dieser Legende den Götzendienst mit beißendem Spott ad absurdum führt, sucht er nach einer anderen Legende (Tanchuma Lech lecha 12) die Götzendiener mit milden Worten zum Monotheismus zu bekehren: »Abraham pflegte Gäste zu bewirten. Nachdem sie gegessen und getrunken hatten, dankten sie ihm. Da sagte er ihnen: ›*Mir* dankt ihr? Danket vielmehr dem Herrn, der allen Geschöpfen Speise und Trank bereitet!‹ Da fragten sie: ›Wo ist er?‹ Da sagte er: ›Er herrscht über Himmel und Erde, tötet und belebt, schlägt und heilt.‹ Darauf sie: ›Wie dankt man ihm?‹ Darauf er: ›Sprechet: Gelobt sei der Ewige, der Hochgelobte, für immer und ewig; gelobt sei, der Speise und Trank verschafft allen Geschöpfen.‹ Und er lehrte sie weitere Segenssprüche und gottgefällige Handlungen.«

Über die Erlebnisse und Handlungen Abrahams *nach* seiner Ankunft in Kanaan berichtet bekanntlich die Bibel selbst ausführlich, doch schaltet sich auch hier oft die Legende ergänzend ein. So berichtet die Bibel (Gen. 18, 1f.), daß Abraham den Besuch dreier Männer erhielt, denen er, als er ihrer ansichtig wurde, entgegenlief mit der dringenden Bitte, doch bei ihm einzukehren. Die Legende (Genesis rabba, Kap. 48) weiß ergänzend zu berichten, daß die Gastfreundschaft Abrahams so weit ging, daß er in seinem Zelt vier Eingänge in allen vier Himmelsrichtungen anbrachte, um Wanderer aus allen vier Himmelsrichtungen zum Einkehren zu ermuntern.

Auf skurrile Art schildert die Legende seine Liebe zu Ismael, dem Sohn, den ihm seine Nebenfrau Hagar geboren hatte. Nach dem Bericht der Bibel (Gen. 21, 9ff.) schickt er die beiden auf Wunsch seiner Frau Sarah weg, doch weiß die Legende ergänzend zu berichten, daß er bereits beim Wegschicken ein baldiges Wiedersehen plante: »Abraham nahm ein Faß« – heißt es in der Legende – »und band es so um die Lenden der Hagar, daß es am Boden schleifte. So konnte er, den Spuren im Sand folgend, stets die beiden in der Wüste besuchen.«

Die Sehnsucht nach seinem Sohn war einmal so stark, daß er sich eines Tages aufmachte, ihn zu besuchen, nicht ohne vorher seiner Frau Sarah versprochen zu haben, während seines Aufenthaltes bei seinem Sohn nicht vom Kamel zu steigen. An der Zeltwohnung Ismaels angelangt, traf er nur die Frau aus dem Lande Moab an, die Ismael inzwischen geheiratet hatte. Abraham kannte sie ebensowenig wie sie ihn. Er fragte: »Wo ist Ismael?« Sie antwortete: »Er ist mit seiner Mutter (der Hagar) weggegangen, Datteln und andere Früchte zu bringen.« Der von der Reise erschöpfte Abraham bat um einen Schluck Wasser und ein Stück Brot, sie aber sagte nur: »Es ist kein Wasser und kein Brot da.« Da sagte er zu ihr: »Wenn dein Gatte heim kommt, sage ihm: Es war ein alter Mann aus Kanaan hier und wollte dich besuchen. Er gab mir den Auftrag, dir auszurichten, daß die Pflöcke deines Zeltes nicht gut eingerammt sind.« Als Ismael kam, erzählte sie ihm alles. Da verstand Ismael, daß der Alte niemand anders war als sein Vater Abraham, der mit dem Bild der »nicht fest eingerammten Pflöcke« andeuten wollte, daß seine Frau nicht zu ihm paßt. Da ließ er sich von ihr scheiden. – Seine Mutter verschaffte ihm eine andere Frau aus ihrem Heimatland Ägypten. Nach drei Jahren besuchte Abraham wieder seinen Sohn, wobei er seiner Frau Sarah das gleiche versprechen mußte wie das erste Mal. Wieder fand er nur die neue Frau des Ismael zuhause vor. Wieder fragte er, wo Ismael sei; er bekam zur Antwort: »Er ist mit seiner Mutter weggegangen, die Kamele zu weiden.« Er bat um Wasser und Brot und erhielt beides. Da betete Abraham für seinen Sohn Ismael, und das ganze Haus füllte sich mit köstlichen Speisen. Als Ismael heimkehrte, erzählte ihm seine Frau das Vorgefallene. Da erkannte Ismael, daß ihm sein Vater Abraham in väterlicher Liebe zugetan war. (Alle Abraham-Ismael-Legenden aus: Pirke de-Rabbi Elieser, Kap. 30)

2. *Moses*

Die Geschichte der Juden ist vor allem eine Geschichte des Geistes. Die Oberhäupter der Juden waren seit jeher Gelehrte, entsprechend der talmudischen Feststellung: »Wer sind die wahren Könige? Die Gelehrten!« (Gittin 62a) Und im Reich des Geistes, in dem die Gelehrten die Herrschaft ausüben, sind die Helden nicht Männer, die Städte bezwingen, sondern Männer und Frauen, die ein vorbildliches Leben führen. So sagt ebenfalls bereits der Talmud: »Wer ist ein Held? Der seinen Trieb bezwingt.« (Sprüche der Väter IV, 1) Selbst zu biblischen Zeiten, als die Juden noch ein Land besaßen und auch buchstäblich Städte bezwangen, mahnt König Salomo im Buch der Sprüche: »Besser ist, der sein Gemüt beherrscht, als einer, der Städte beherrscht.« (Salomos Sprüche 16, 32)

Charakteristischerweise wird der biblische Moses, obwohl er sein Volk bei der Befreiung aus ägyptischer Gefangenschaft anführte, in der jüdischen Tradition nicht etwa mit dem Beinamen »der Befreier« oder »der Anführer« bezeichnet, sondern stets als »Mosché Rabbénu«, »Moses unser Lehrer«, weil als sein Hauptverdienst seine geistige und geistliche Tätigkeit, die Vermittlung der göttlichen Lehre am Sinai und während der Wüstenwanderung, angesehen wird.

In der Haggada, der volkstümlichen Pesach(Oster)-Erzählung, die zu Beginn der Familienfeier am ersten und zweiten Pesach-Abend vom Hausherrn vorgelesen wird, ist vom Auszug aus Ägypten die Rede, jedoch wird dort stets Gott, nicht Moses, als Befreier vom ägyptischen Joch genannt; Moses wird in der Haggada nicht einmal erwähnt. Die Haggada beginnt mit folgenden Worten: »Knechte waren wir einst dem Pharao in Ägypten, aber der Ewige, unser Gott, führte uns von dort heraus mit starker Hand und ausgestrecktem Arm.« Mit dieser Nicht-Erwähnung des Moses sollen seine Verdienste als Führer gewiß nicht geschmälert werden, vielmehr soll damit wohl verhindert werden, daß Moses einseitig nur als siegreicher Führer im Kampf gegen die Unterdrücker verherrlicht wird, was leicht zum Personenkult und zur Vergötzung der Macht führen könnte. Tatsächlich betonen die biblischen Berichte – und im Anschluß daran die jüdischen Legenden – nicht so sehr die kriegerischen Fähigkeiten des Moses als vielmehr seinen tugendhaften Charakter, der sich bereits in seiner Jugend offenbarte und ihn dadurch zum Führer des Volkes prädestinierte.

Eine der wichtigsten Eigenschaften einer führenden Persönlichkeit ist ihr Mitgefühl für die ihrem Schutz anvertrauten Mitmenschen. In seiner Jugend hatte Moses zunächst freilich kaum Gelegenheit, Mitgefühl für seine versklavten Brüder zum Ausdruck zu bringen, wurde er doch fern von ihnen, im königlichen Palast, von der Tochter Pharaos wie ein Sohn aufgezogen. (Ex. 2, 10) Umso bemerkenswerter ist, daß er sich inmitten des Luxuslebens des pharaonischen Hofes zu seinen Brüdern hingezogen fühlte. In der Bibel lesen wir (Ex. 2, 11): »Und es geschah in jenen Tagen, als Moses groß war, da ging er hinaus zu seinen Brüdern und sah ihre Lastarbeiten.« Hierzu bemerkt der englische Oberrabbiner J.H. Hertz in seinem Kommentar: »Es war innige Liebe zu seinem Volke, die ihn zu diesem Schritt antrieb ... Moses war zutiefst von Liebe erfüllt. Und mit nicht minder starkem Mitleid sah er auf seine Brüder, die unter ihrer Fron stöhnten.« Die Legende ergänzt diesen biblischen Bericht folgendermaßen (Exodus rabba zur Stelle): »Er sah ihre Lastarbeiten und weinte und sprach: ›Ich möchte lieber sterben als ihre Not mit ansehen müssen.‹ Er half ihnen, die Lasten zu schleppen. Da wurde er gewahr, daß die Lasten ungleich verteilt waren: die für einen Erwachsenen bestimmte Last lag auf den Schultern eines Kindes und umgekehrt; die für einen Mann bestimmte Last lag auf einer Frau und umgekehrt; die für einen Jüngling bestimmte Last lag auf einem Alten und umgekehrt. Da schickte Moses seinen Leibwächter weg und erleichterte seinen Brüdern und Schwestern die Fron, indem er die Lasten gerecht verteilte, wobei er nach außen hin den Anschein erweckte, als wolle er die Sklaven zur Arbeit antreiben.« Soweit die Legende, die außer dem Mitleid des jungen Moses auch dessen Sinn für Gerechtigkeit hervorhebt – ebenfalls eine Eigenschaft, die Moses später als Führer des Volkes voll entfaltete.

Die Fortsetzung des biblischen Berichtes ist bekannt: Der Einsatz des Moses für seine Brüder kam dem Pharao zu Ohren, und Moses konnte sich vor der Verfolgung durch Pharao nur retten, indem er die Flucht ergriff. Lapidar stellt der Schriftvers fest: »Und Moses floh vor Pharao und weilte im Lande Midian und saß an einem Brunnen.« Auch dort zeigte er, nach dem biblischen Bericht, Mitleid mit den Unterdrückten, diesmal mit den sieben Töchtern des midianitischen Priesters Jetro, die die Schafe ihres Vaters am Brunnen tränken wollten, aber von den Hirten verjagt wurden. Moses hat Mitleid mit ihnen, nimmt sich ihrer an und tränkt ihre Schafe. Dieses Eingreifen des Moses zeigt, daß ihm das Leid heidnischer Menschen, hier der midianitischen Mädchen, ebenso nahe ging wie das Leid der eigenen Brüder.

Nach der Legende (Exodus rabba 2,2) hatte Moses bald darauf noch einmal Gelegenheit, sein Mitleid unter Beweis zu stellen, bei einem an sich unbedeutenden Vorkommnis, dem aber symbolischer Charakter zugesprochen wird. Als Moses die Schafe Jetros hütete, so wird erzählt, sah er einmal ein kleines Lämmchen von der Herde weglaufen. Er eilte ihm nach und holte es ein, als es an einem Bach seinen Durst löschte. Da sagte Moses: »Ich wußte nicht, daß du weggelaufen bist, weil du Durst hattest. Hätte ich es gewußt, hätte ich dich hierher getragen. Du bist nun gewiß müde.« Und er nahm das Lämmchen auf die Schulter und trug es zur Herde zurück. Da erklang eine himmlische Stimme: »Du führst die Herde mit Barmherzigkeit und Mitleid, darum bist du der richtige Hirte für das Volk Israel.« Nach dieser Legende hat also Gott den Moses sozusagen im Kleinen erprobt, ehe er ihn im Dornbusch zum Führer Israels berief mit den Worten: »Nun, geh' hin, ich will dich zu Pharao senden. Du sollst mein Volk aus Ägypten führen.« (Ex. 3, 10)

3. König Salomo

Hiram, der König von Tyrus, so geht die Sage, schenkte seinem Freund, dem König Salomo, einen Teppich von himmelblauer Farbe, bestickt mit Bildern aller Gegenstände, die es im Himmel oben, auf der Erde unten und im Wasser unter der Erde gibt. König Salomo setzte sich auf diesen Teppich, und vier Minister faßten die vier Ecken des Teppichs. Da hob ein Wind den Teppich in die Höhe, und der König segelte majestätisch in die Lüfte, umgeben von seinen vier Ministern, die mitflogen, indem sie sich an den vier Ecken festhielten. So konnte der König herabblickend alles beobachten, was sich ereignete unter der Sonne. Da wurde er von Stolz erfüllt und rief: »Wer ist so mächtig wie ich auf der ganzen Welt?« Da drang von der Erde her die Stimme einer Ameise an sein Ohr, die den anderen Ameisen zurief: »Geht schnell nach Hause in eure Löcher! Der König Salomo kommt angeflogen; er könnte euch alle zertrampeln!« Da entbrannte der Zorn Salomos, und er rief der Ameise zu: »Wer bist du, daß du glaubst, man könne sich vor mir verstecken?« »Ich bin die Königin der Ameisen«, kam die Antwort. Darauf Salomo: »Ich will dich etwas fragen.« Darauf die Ameise: »Wenn du mich etwas fragen willst, darfst du *nicht* über mir sitzen.« Da holte sie Salomo zu sich empor und setzte sie auf den Teppich. Darauf die Ameise: »Wenn du mich etwas fragen willst, darfst du nicht auf mich herabschauen.« Da nahm der König sie in seine Hand und hob sie vor sein Gesicht. Da sagte die Ameise: »Jetzt frage! Ich höre zu.« Darauf der König: »Meine Frage lautet: Gibt es auf der Welt einen Mächtigeren als mich?« Darauf die Ameise: »Dies gibt es sehr wohl, zum Beispiel mich, was dadurch bewiesen ist, daß Gott dich von weit her durch die Lüfte gesandt hat, um mich auf deine Hand zu heben.« Darauf Salomo voll Zorn: »Weißt du nicht, daß ich Salomo bin, der König von Jerusalem?« Darauf die Ameise: »Ich weiß, daß du Staub bist und zu Staub zurückkehrst.« Da schämte sich König Salomo und demütigte sich vor Gott.

Diese mittelalterliche Salomo-Sage verfolgt offenbar den Zweck, die Mächtigen dieser Erde am Beispiel des Königs Salomo vor Hochmut zu warnen und an ihre Vergänglichkeit zu erinnern.

Dies kommt noch stärker in einer anderen, ebenfalls mittelalterlichen Salomo-Sage zum Ausdruck: König Salomo, der auch den Beinamen Kohelet führte, schreibt in seinem »Kohelet« betitelten Buch (Koh. 1,12): »Ich, Kohelet, war König über Israel in Jerusalem.« Er sagt nicht »ich *bin* König«, sondern »ich *war* König«. Er wurde nämlich, so wird erzählt, als Strafe für seine Sünden durch göttliche Fügung eine Zeitlang vom Thron verstoßen und war gezwungen, sich allein auf Wanderschaft in ferne Länder zu begeben. Einmal irrte er durstig in einer Wüste umher, bis er auf eine Oase stieß, wo ihm mitleidige Hirtenjungen Speise und Trank verabreichten. Da fragte er sie: »Wißt ihr vielleicht, wie weit es von hier bis Jerusalem ist?« Da antworteten sie: »Wir kennen Jerusalem nicht und haben das Wort jetzt zum ersten Mal aus deinem Munde gehört.« Da dachte Salomo: »Diese sind noch jung, deshalb haben sie noch nichts von Jerusalem gehört.« Am Abend kehrte der Vater der Jungen, ein vom Alter gebeugter Greis, von seiner Arbeit nach Hause zurück. Salomo grüßte ihn und fragte ihn: »Sag' mir doch, wie weit es von hier bis nach Jerusalem ist, dem Regierungssitz des Königs Salomo, des Sohnes des David?« Da antwortete der Alte: »Ich kenne weder die Stadt noch den König. Den Namen beider habe ich jetzt zum erstenmal aus deinem Munde gehört.« Da war Salomo betrübt und dachte bei sich: »Ich dachte, mein Name und mein Ruf seien auf der ganzen Erde verbreitet, aber jetzt sehe ich, daß es nur mein Hochmut war, der mich so denken ließ.« Er freute sich aber, als er in Häuser kam, in denen man wohl von König Salomo gehört hatte; er freute sich jedoch zu früh, denn niemand wollte ihm glauben, daß *er* der König Salomo sei. Man sagte ihm: »Du Narr, warum hältst du uns zum besten, wo wir doch wissen, daß der König Salomo in Jerusalem thront!« Einmal gelang es Salomo tatsächlich, einen Mann von der Wahrheit seiner Worte zu überzeugen. Doch die Ehefrau dieses Mannes blieb ungläubig. Als auch sie sich endlich überzeugen ließ, verschwand sie und kam gleich wieder mit einem großen Stock, mit dem sie Salomo zu schlagen und zu verjagen suchte. »Bist du nicht der«, schrie sie, »der geschrieben hat (Koh. 7,28): ›Einen guten Mann habe ich aus Tausend gefunden, aber eine gute Frau habe ich unter all diesen nicht gefunden.‹« Da sagte Salomo: »Hätte ich geschrieben, daß es eine gute Frau unter Tausend gibt, hätte dies den Frauen nur geschadet, weil dann alle Männer nur diese eine hätten heiraten wollen. Ich habe also den Frauen nur einen Gefallen getan.« Die Frau sah dies ein, und sie trennten sich friedlich.

Nach einer anderen Version dieser Sage traf König Salomo beim Herumirren einen reichen Mann, der ihn erkannte und ausrief: »Weh meinen Augen, die sehen müssen, wie König Salomo wie ein Bettler umherzieht! Oftmals habe ich dich in Jerusalem in deinem Glanz und in deiner Herrlichkeit gesehen und die Worte deiner Weisheit gehört. Nun komm, ich lade dich zu einer Mahlzeit ein.« Salomo willigte ein. Der Mann ließ die köstlichsten Speisen auftragen und sagte: »Erinnerst du dich an deine königliche Tafel und deine große Dienerschaft, als du König warst in Jerusalem?« Als Salomo so an seine frühere Größe erinnert wurde, konnte er vor lauter Gram nichts mehr hinunterschlucken und verließ das Haus. Am nächsten Tag begegnete er einem armen Mann, der ihn ebenfalls erkannte. Auch er lud den König zu einer Mahlzeit ein, entschuldigte sich aber gleich, daß er nicht mit üppigen Speisen aufwarten könne. Der König folgte dem armen Mann in seine Hütte und erfreute sich am bescheidenen Mahl, in dessen Verlauf der Gastgeber den König tröstete ob seines Schicksals und seiner Zuversicht und Hoffnung Ausdruck gab, daß alles sich wieder zum Guten wenden werde. Getröstet verließ Salomo das Haus des armen Mannes und sagte: »Besser schmeckt das Gemüse im Haus des Armen als der Mastochs im Haus des Reichen.«

Nach einiger Zeit fügte es Gott, daß Salomo wieder in sein Königtum eingesetzt wurde und Israel mit Weisheit regierte.[1]

II. Rund um den Talmud

1. Merkwürdige talmudische Gestalten

Die vielen hundert Rabbis, die im Talmud zu Wort kommen, waren nicht alle aus dem gleichen Holz geschnitzt, vielmehr gab es innerhalb des Hauptstromes der offiziellen jüdischen Lehren eine große Variationsbreite von Charakteren und individuellen Anschauungen. Bekannt ist die Kontroverse zwischen Híllel und Schámmai, von denen der erstgenannte die Religionsgesetze meist in erleichterndem, der letztgenannte meist in erschwerendem Sinn auslegte.

Rabbi Simon ben Lákisch, abgekürzt Resch Lákisch genannt, lebte im 3. Jahrhundert unserer Zeitrechnung in Palästina. Er stellt unter den Hunderten im Talmud vorkommenden jüdischen Gesetzeslehrern insofern ein Unikum dar, als von ihm dort berichtet wird, er sei in seiner Jugend ein Räuberhauptmann gewesen. Als solcher habe er sich aus Geldnot eines Tages einer anderen Räuberbande verkauft, die ihn, da er außergewöhnlich kräftig war, für die von ihr veranstalteten Gladiatorenkämpfe als Gladiator verwenden wollte. Es war nun üblich, den Gladiatoren, bevor sie in die Arena geschickt wurden, aus der sie vielleicht nicht mehr lebend herauskamen, einen letzten Wunsch zu erfüllen. Als die Reihe an Simon kam, äußerte er als letzten Wunsch: »Ich möchte euch aneinander binden, hinsetzen lassen und jedem von euch anderthalb Hiebe mit diesem Schlauch versetzen.« Dabei zeigte er ihnen ein harmlos aussehendes Stück Schlauch. Die Räuber gewährten ihm seinen extravaganten Wunsch, nicht ahnend, daß er im Schlauch einen großen Stein versteckt hatte. Mit seiner gewaltigen Körperkraft schleuderte er den mit dem Stein beschwerten Schlauch so fest gegen die Banditen, daß diese, jeder durch einen einzigen Hieb getroffen, der Reihe nach tot zu Boden sanken. Höhnisch soll er nach jedem Hieb dem bereits tödlich Getroffenen zugerufen haben: »Was? Du lachst vielleicht noch? Warte, ich habe noch einen halben Hieb zugut« – und soll ihm noch einen ›halben‹, also einen schwachen Hieb nachgeschickt haben. So konnte er flüchten und seine Freiheit wiedergewinnen. (Gittin 47 a; daß er ein Räuberhauptmann war, geht aus Baba mezia 84a hervor).

Warum erzählt der Talmud überhaupt die ganze Räubergeschichte? Gewiß nicht – oder nicht nur – aus Lust am Fabulieren. Vielmehr soll vor dem Hintergrund dieses Berichts über die Jugend eines so berühmten Gesetzeslehrers so recht deutlich werden, daß ein ehemaliger Tunichtgut und Sünder die gleiche sittliche Stufe erreichen kann wie jemand, der nie den Pfad der Tugend verlassen hat.

Die Bekehrung des Simon ben Lákisch soll nach dem Bericht des Talmud (Baba mezia 84b) auf nicht weniger dramatische Weise erfolgt sein wie seine Rettung aus der Hand der Räuber. Es war kein geringerer als Rabbi Jochanan, der berühmteste palästinensische Gesetzeslehrer seiner Zeit, der die Wandlung des jungen Simon zustande gebracht haben soll. Einst badete Rabbi Jochanan, so geht die Kunde, im Jordan. Er war von schöner Gestalt, was beim Baden besonders in Erscheinung trat. Nach ihm sprang unser Simon in das Wasser, der, wie wir sahen, besonders kräftig war. Da rief Rabbi Jochanan dem Simon zu: »Deine Kraft sei für die Lehre!« Damit wollte er sagen: »Statt deine Körperkräfte zu gebrauchen, übe lieber deine Geisteskräfte im Studium der heiligen Schriften.« Darauf antwortete Simon spöttisch, im gleichen lapidaren Stil: »Deine Schönheit sei für die Frauen!« Rabbi Jochanan konterte auf überraschende Weise: »Wenn du Buße tust und deinen Lebenswandel änderst«, sagte er, »gebe ich dir meine Schwester zur Frau, die noch schöner ist als ich.« Simon war einverstanden – und so wurde aus dem Tunichtgut und Wegelagerer erst ein Schüler, dann ein Kollege des Rabbi Jochanan, der ja nun auch sein Schwager war. (Baba mezia 84a) Rabbi Jochanan und Resch Lákisch werden seither oft in einem Atemzug genannt als die geistigen Führer und größten Gelehrten ihrer Zeit in Palästina. Sei es, daß sie gleicher Meinung waren, sei es, daß sie, was oft vorkam, geteilter Meinung in einer religionsrechtlichen Angelegenheit waren: immer hatten ihre Äußerungen Gewicht. Gerade durch die Argumente und Gegenargumente, mit denen sie bei Diskussionen ihren gegenteiligen Standpunkt verteidigten, schärfte sich ihr Verstand, was der Rechtsfindung zugute kam. (Bab mezia 84 a)

Den Eindruck, den die scharfsinnigen Argumente des Resch Lákisch auf die Zuhörer machten, beschrieb man in bildhafter Weise etwa so: »Wer den Resch Lákisch sieht, wie er im Lehrhaus argumentiert, dem kommt es vor, wie wenn Resch Lákisch Berge entwurzelt und sie aneinander reibt.« Seine Liebe zum Studium der heiligen Schriften äußert sich in Aussprüchen wie den folgenden: »Nur wenn man sich beim Studium bis zur Erschöpfung abplagt, bleibt das Gelernte im Gedächtnis haften.« (Berachot 63 b, frei übersetzt) »Wer die heiligen Schriften in der Nacht studiert, dem verleiht Gott Seelenfrieden am Tag.« (Chagiaga 12 b, frei übersetzt) »Der Gelehrte soll sich nicht zu viel freiwilliges Fasten aufbürden, weil dadurch sein Studium der heiligen Schriften leiden könnte.« (Taanit 11 b) »Wer den Sohn seines Nächsten im Studium der heiligen Schriften unterweist, der ist so, als habe er ihn neu erschaffen.« (Sanh. 99 b)

Nach der Legende haben Resch Lákisch und sein Schwager Rabbi Jochanan nicht nur zusammen gelebt und gewirkt, sondern sie sind unter tragikomischen Umständen auch fast gleichzeitig gestorben. Beide sollen sich einmal um eine Definition der Begriffe Schwert, Dolch und Speer bemüht haben. Dabei stimmte Jochanan einer Definition des Resch Lákisch mit den Worten zu: »Ein Räuber versteht sein Handwerk!« Resch Lákisch nahm diese scherzhaft gemeinte, aber taktlose Anspielung auf seine vergangene Tätigkeit sehr übel und konterte: »Eigentlich hast du mir nicht viel Nutzen gebracht; früher nannte man mich Rabbi (»Meister«, nämlich der Räuber) und jetzt nennt man mich auch Rabbi.« Nun war es Jochanan, der sich verletzt fühlte. »Ich habe dir dadurch genützt«, rief er erregt, »daß ich dich unter die Fittiche der göttlichen Majestät gebracht habe.« Daraufhin wurde Resch Lákisch vor Aufregung krank und starb bald darauf. Dies nahm sich Jochanan seinerseits so zu

Herzen, daß er seine Kleider zerriß, weinend umherlief und ständig rief: »Wo bist du, Sohn des Lákisch? Wo bist du, Sohn des Lákisch?« – bis er den Verstand verlor und ebenfalls starb. – Hier endet der Bericht des Talmud über die im Leben und im Tode vereinten Freunde. (Baba mezia 84 a)

Ein anderer Rabbi von besonders individueller Eigenart war Bar Kappára, der in der zweiten Hälfte des 2. Jahrhunderts in Palästina lebte. Er stand der griechischen Sprache und Kultur aufgeschlossener gegenüber als die meisten Rabbis seiner Zeit, die sich dem Griechentum gegenüber distanziert verhielten, da es ja im Heidentum wurzelte.

Bar Kappára (Gen. rabba 38,8) schätzte den Schönheitssinn der Griechen und den Wohlklang der griechischen Sprache so sehr, daß er den Gebrauch der griechischen Sprache – und damit auch den Gebrauch griechischer Terminologie – sogar bei theologischen Unterhaltungen und Vorträgen empfahl, ohne zu befürchten, daß dadurch griechisch-heidnisches Gedankengut in das Judentum eindringen könnte. Bei dieser Aufgeschlossenheit gegenüber der nichtjüdischen Umwelt und ihrer Kultur war es nur folgerichtig, daß Bar Kappára auch für das Studium der Naturwissenschaften eintrat, auch wenn deren Kenntnis durch heidnische Lehrer vermittelt wurde. Hierin ging er freilich mit den meisten anderen Gesetzeslehrern konform. So war z.B. ein babylonischer Zeitgenosse Bar Kapparas, der berühmte Gesetzeslehrer Samuel, gleichzeitig ein Augenarzt, der eine neue Augensalbe erfand, und zudem noch in der Astronomie so sehr bewandert, daß er von sich sagen konnte: »Mir sind die Pfade des Himmels so sehr bekannt, wie die Pfade meiner Heimatstadt Nehardéa.« (Berachot 58 b)

Aber kaum ein anderer Rabbi setzte sich so wie Bar Kappára in geradezu militanter Weise für diese Studien ein, etwa mit folgendem Ausspruch: »Auf einen Menschen, der astronomische Berechnungen anzustellen versteht und es nicht tut, der also astronomisch begabt ist und diese Begabung nicht ausnützt, – auf einen solchen Menschen ist der Jesaia-Vers (5,12) anwendbar, der da lautet: ›Das Werk des Ewigen schauen sie nicht, und seiner Hände Werk sehen sie nicht.‹« (Sabbat 75 a) Selbst war

Bar Kappára als Verfasser von Gedichten, Epigrammen und Tierfabeln produktiv. Zu einem geflügelten Wort wurde die poetische Formulierung, mit der Bar Kappára dem Volk den Tod Rabbi Jehúdas, des damaligen Oberhauptes der palästinensischen Juden, mitteilte: Der Tod des Rabbi Jehuda war nicht unerwartet gekommen. Seine Familie und seine engsten Vertrauten, darunter auch Bar Kappára, weilten am Lager des Schwerkranken, während draußen auf der Straße das Volk versammelt war, hoffend und bangend. Da erschien Bar Kappára mit zerrissenen Kleidern und verhülltem Haupt vor dem Volk und rief in klagendem Ton: »Engel und Menschen rangen um den Besitz der Bundeslade. Die Engel obsiegten und die Bundeslade wurde uns entrissen.« (Ket. 104a) Das Volk verstand sehr wohl die Bedeutung dieser Worte, fragte aber, weil es die Nachricht noch nicht fassen konnte: »Ist er tot?« Darauf Bar Kappára: »Ihr sagt es.« (ebda.)

Zu Lebzeiten hatte Rabbi Jehuda oft seine liebe Not mit dem eigenwilligen Bar Kappára, der sich nicht scheute, mit sarkastischem Humor die Rolle eines »enfant terrible« zu spielen, wenn er dies für angebracht hielt. So forderte er einmal den reichen, aber ungebildeten Schwiegersohn des Rabbi Jehuda auf, sich doch auch an den gelehrten Diskussionen im Lehrhaus seines Schwiegervaters zu beteiligen und, wie die anderen Gelehrten, seinem Schwiegervater religiöse Fragen zur Beantwortung vorzulegen. Damit er gleich eine Frage parat habe, schrieb ihm Bar Kappára eine Frage in Form eines hebräischen Rätselgedichtes auf, dessen voller Wortlaut im Talmud überliefert ist, dessen Sinn aber bis heute nicht geklärt ist. Rabbi Jehuda las das Gedicht und fand bald heraus, wer der Verfasser war. Nach der ärgerlichen Reaktion Rabbi Jehudas zu schließen, hatte das Gedicht weniger eine Anfrage als in versteckter Form eine Kritik an Rabbi Jehuda zum Inhalt, – vielleicht an seiner autoritären Amtsführung. (Jerus. Talmud, Moed qatan 3, 1)

Umgekehrt fühlte sich Bar Kappára verletzt, als ihn Rabbi Jehuda nicht zum Hochzeitsmahl seines Sohnes einlud. Bar Kappára reagierte auf seine Art: Er brachte an der Haustüre Rabbi Jehudas einen Zettel an mit der Aufschrift: »Des Menschen Los /ist Tod und Qual /was nützt ihm da /ein Freudenmahl!?« Rabbi Jehuda zeigte jedoch Charakter: Er lud Bar Kappára für den nächsten Tag ein. Als alle Gäste versammelt waren, unterhielt sie Bar Kappára mit dreihundert Fuchs-Fabeln auf so spannende Art, daß die Gäste vor lauter Zuhören das Essen kalt werden ließen und nichts davon genossen. (Lev. rabba 28,2)

Solche Hänseleien zwischen dem eigenwilligen Bar Kappára und Rabbi Jehuda verminderten aber nicht die gegenseitige Hochschätzung, wie man an dem oben zitierten pathetischen Klageruf Bar Kappáras beim Tode Rabbi Jehudas sehen kann. In die Geschichte der jüdischen Religion ist Bar Kappára als Gelehrter und unerschrockener, wenn auch oft exzentrischer Verfechter seiner eigenen Meinung eingegangen; in die Geschichte der jüdischen Literatur als Verfasser von – meist nicht mehr erhaltenen – Gedichten, Epigrammen und Fabeln.

2. Talmudische Legenden

Der Talmud berichtet an verschiedenen Stellen in legendenhafter Form über *Alexander den Großen* und seine Eroberungsfeldzüge in ferne Länder. In diesen Legenden erscheint Alexander weniger als kühner Welteroberer denn als wissensdurstiger Philosoph, bereit, sich von den Barbaren belehren zu lassen.

So wird z. B. von einer Diskussion Alexanders mit dem König eines nicht spezifizierten afrikanischen Volksstammes erzählt (Lev. rabba 27,1). Auf seinen Eroberungsfeldzügen – so die Legende – gelangte Alexander der Große auch nach Afrika. Er hörte dort von einem Eingeborenenstamm, dessen Mitglieder stets in Eintracht miteinander lebten, sodaß innerhalb der Grenzen dieses Stammes stets eitel Freude herrschte. Alexander wollte sich nun persönlich davon überzeugen, welche Bewandtnis es mit diesem angeblich idealen Gemeinwesen habe, und so zog er dorthin und ließ sich dazu einladen, einer Gerichtssitzung beizuwohnen, bei der der König des Stammes als Richter fungierte. Dabei erschienen zwei Männer vor dem König, von denen der eine sprach: »Mein Herr und König! Ich habe von diesem Manne eine Ruine gekauft und darin beim Umgraben der Erde einen Schatz gefunden. Da sprach ich zu diesem Manne: ›Nimm den Schatz, denn die Ruine habe ich von dir gekauft, den Schatz habe ich nicht gekauft.‹ Er aber weigert sich, den Schatz anzunehmen.« Der andere aber, der die Ruine verkauft hatte, sagte: »Ebenso wie du dich vor der Sünde des Diebstahls fürchtest, so fürchte ich mich vor der Sünde des Diebstahls. Ich habe dir die Ruine, mit allem was sich darin befindet, verkauft und möchte nichts annehmen, was mir nicht gehört.« Da fragte der König einen der beiden: »Hast du einen Sohn?« Er bejahte. Er fragte den anderen: »Hast du eine Tochter?« Auch er bejahte. Da entschied der König: »So verheiratet den einen mit der anderen, und der Schatz soll beiden gemeinsam gehören.« Alexander war erstaunt über den Gerechtigkeitssinn dieser für rückständig gehaltenen Barbaren und über das salomonisch-gerechte Urteil des Königs. »In unserem Lande«, mußte er auf Befragen des Königs zugeben, »hätte man kurzerhand den einen wie den anderen geköpft, und der Schatz würde dem Staat anheimfallen.« Da fragte ihn der König des Stammes: »Scheint die Sonne in eurem Lande?« Alexander bejahte. »Fällt Regen in eurem Lande?« Alexander bejahte. »Gibt es Viehzucht in eurem Lande?« Auch dies bejahte Alexander. »Wenn dem so ist«, meinte der König der Barbaren, »verstehe ich, warum bei euch die Sonne scheint und der Regen fällt: um des lieben Viehs willen; die Menschen bei euch hätten es nicht verdient!«

Eine andere Legende dieser Art lautet folgendermaßen: Nachdem Alexander in Palästina einmarschiert war, sagte er zu den Juden: »Ich möchte mich mit meinem Heer in die Länder Afrikas begeben.« Da sagten sie zu ihm: »Das kannst du nicht, denn die Berge der Finsternis sind dir im Wege.« Da antwortete er: »Diese werden mich nicht hindern! Ich fragte euch auch nicht danach, ich fragte euch nur, wie man dorthin gelangt.« Daraufhin sagten sie: »Nimm libysche Esel, die keine Angst vor der Dunkelheit haben, und laß während der ganzen Reise eine Schnur an der Seite des Weges abspulen, so daß du anhand der Schnur den Weg zurück findest.« Alexander tat also und gelangte in ein Land, das nur von Frauen bewohnt war. Er wollte gegen sie zu Felde ziehen, sie aber sprachen zu ihm: »Wenn du uns besiegst, wirst du in der Welt verachtet werden als ein König, der Frauen getötet hat. Wenn wir aber siegen, wirst du in die Geschichte eingehen als ein König, der von Frauen getötet wurde.« Alexander begriff die Logik dieser Antwort und bat nun die Frauen, Brot zu bringen, da er und seine Krieger erschöpft und hungrig seien von der langen Reise. Da brachten sie ihm Brote aus Gold auf einem Tisch aus Gold. Da sagte er erstaunt: »Ist es denn bei euch Brauch, Brot aus Gold zu essen?« Da erwiderten sie mit gespielter Ehrerbietung: »Hoher König! Wenn es dir nur darum zu tun ist, gewöhnliches Brot zu essen, hättest du ja in deinem Lande bleiben können, in dem ja gewiß genug Brot vorhanden ist, und hättest nicht nötig gehabt, die Beschwerden einer Reise hierher auf dich zu nehmen. Deshalb nahmen wir an, daß du vielleicht goldenes Brot essen willst.« Da gab sich der große Alexander geschlagen und beeilte sich, abzuziehen. Bevor er aber abzog, schrieb er an das Tor der Stadt folgende Worte: »Ich, Alexander, der Mazedonier, war ein unverständiger Narr, bis ich hierher kam und von Frauen belehrt worden bin.« (Tamid 32a)

Während des gleichen Feldzuges – berichtet der Talmud weiter – lagerte Alexander an einem Flüßchen, dessen Wasser wunderlieblich schmeckte. Er wusch damit sein Gesicht und schien verjüngt. Er zog darauf flußaufwärts, bis zur Quelle des Flüßchens und gelangte an die Pforte des Paradieses. »Öffnet mir die Pforte!« rief er mit befehlender Stimme. Aber aus dem Innern des Paradieses erscholl die Antwort: »Dies ist die Pforte des Herrn, durch die nur die Gerechten eingehen!« Da rief Alexander: »Ich bin von großer Macht und von hohem Ansehen, ich bin der Welteroberer, der König der Erde, also tut mir auf!« »Hier gilt weder König noch Stolz noch Macht«, tönte es zurück, »nur die Tugend hat hier Wert.« »So gebt mir«, rief Alexander, »wenigstens etwas aus dem Paradies als Andenken mit!« Man reichte ihm einen Totenkopf. Dieser wurde in seiner Hand so schwer, daß er ihn nicht tragen konnte. Er legte ihn auf die Schale einer Waage und alles Gold und Silber, das er bei sich hatte, auf die andere Schale, aber der Schädel wurde doch nicht aufgewogen. »Was ist das?« fragte er die Weisen, die ihn auf diesem Zug begleiteten. »Der Schädel«, antworteten sie, »zeigt des Menschen unersättliche Habsucht an. Der Habgierige wird nie gesättigt mit allem Gold und Silber, mit aller Pracht und Macht nicht befriedigt, daher die Schwere dieses Schädels.« »Könnt ihr beweisen«, sprach der König, »daß das der Grund ist?« Sie antworteten: »Nimm nur eine Hand voll Erde und bedecke damit den Schädel, dann wird er wieder leicht.« Alexander tat es, und sogleich flog die Waagschale mit dem Schädel in die Höhe. Denn wenn der Mensch stirbt und Erde ihn bedeckt, stirbt auch seine Habsucht. – Diese Legende entstand vielleicht vor dem Hintergrund des plötzlichen Todes Alexanders auf der Höhe seiner Macht.

Der Legendenkreis um die *Zerstörung Jerusalems,* zusammengestellt im *talmudischen* Traktat Gittin (55b ff.), enthält in loser Folge Episoden, die sich vor, während und im Anschluß an die Zerstörung Jerusalems durch die Römer ereigneten. Einen dramatischen Höhepunkt bildet die Schilderung, wie der römische Feldherr und spätere Kaiser Titus das Allerheiligste des Tempels betritt und entweiht.

Das Allerheiligste war ein Raum an der Westseite des Tempels und enthielt nur die Bundeslade. Es war dies ein rechteckiger Schrein, bestimmt zur Aufbewahrung der Bundestafeln, also der beiden steinernen Tafeln mit dem Text der Zehn Gebote, die Moses, nach dem Bericht der Bibel, vom Berg Sinai herabbrachte. Nach jüdischer Tradition (Joma 52b) hat der fromme König Jósia (7. Jh. v. Chr.), in Voraussicht der Zerstörung des Tempels, die beiden Tafeln aus dem Allerheiligsten entfernt und an einem unbekannten Ort versteckt, damit sie nicht in die Hand des Feindes fielen. Seither sind die Bundestafeln verschollen. So befand sich zur Zeit der Zerstörung des Tempels durch die Römer, also im Jahre 70 n. Chr., im Allerheiligsten nur die Bundeslade ohne Inhalt. Der Raum hatte aber auch nach der Entfernung der Bundestafeln seinen heiligen Charakter behalten, und nur der Hohepriester durfte einmal im Jahr, am Versöhnungstag, umhüllt von Weihrauch, das Allerheiligste betreten, um Blut von den Opfertieren auf den Deckel der Bundeslade zu sprengen.

Titus soll nun, nachdem der Tempel in die Hand der Römer gefallen war, in blasphemischer Absicht das Allerheiligste betreten haben. Er habe, so will es die Legende (Gittin ebda.; vgl. Lev. rabba 22,3), eine Dirne sowie eine Thora-Rolle mit hineingenommen, habe die Thora-Rolle ausgebreitet und auf ihr mit der Dirne Unzucht getrieben. Dann soll Titus den Vorhang, der das Allerheiligste vom übrigen Teil des Tempels trennt, mit seinem Schwert aufgeschlitzt haben. Da glaubte er Blutstropfen auf seinem Schwert zu erkennen, was er als Zeichen dafür ansah, daß er den Gott der Juden besiegt habe.

Historisch läßt sich das Eindringen des Titus ins Allerheiligste nicht belegen, umso genauer sind wir informiert über die von Titus angeordnete Überführung der Tempelgeräte nach Rom, die auf dem Titusbogen abgebildet ist und noch heute zu sehen ist. Die Legende berichtet unmittelbar im Anschluß an die Spaltung des Vorhangs auf ihre Weise über die Überführung der Tempelgeräte. Titus habe nämlich den gespaltenen Vorhang korbartig geformt, die Tempelgeräte hineingepackt und aufs Schiff getragen, um in Rom mit der Beute zu prahlen. Unterwegs habe sich aber ein Sturm erhoben und gedroht, ihn zu ertränken. Da habe Titus gesagt: »Es scheint, daß der Gott dieser Leute seine Macht nur auf dem Wasser ausüben kann. So hat er das Geschlecht der Sintflut im Wasser ertränkt, auch Pharao und sein Heer hat er im Wasser des Schilfmeeres ertränkt, und nun versucht er auch mich zu ertränken. Wenn er wirklich mächtig ist, möge er ans Festland kommen und dort mit mir kämpfen.«

Da habe sich eine Stimme vom Himmel vernehmen lassen mit den Worten: »Bösewicht, Sohn eines Bösewichts! Bei deinem Leben! Es existiert ein winziges Geschöpf in meiner Welt, das geringste unter allen Geschöpfen, die ich in den sechs Tagen der Weltschöpfung geschaffen habe; sein Name ist: Mücke. Begib dich auf das Festland und führe Krieg gegen dieses Geschöpf!« Darauf habe Gott das Meer beruhigt. In Rom habe man Titus als »Besieger der Barbaren« gefeiert. Frisch gewaschen sei er zum Gastmahl erschienen. In den Weinbecher, den man ihm vorsetzte, sei aber eine Stechmücke gefallen, die er zusammen mit dem Wein schluckte. Die Mücke sei durch die Nase in sein Gehirn eingedrungen und habe dort ständig gesummt. Eines Tages sei er an einer Schmiede vorbeigekommen, da habe die Mücke auf den Hall des Hammerschlages hin aufgehört zu summen. Da glaubte er, ein Heilmittel gefunden zu haben. Jeden Tag habe er einen Schmied kommen lassen, der vor ihm hämmerte. War der Schmied ein Heide, habe er ihn mit vier Silbermünzen entlohnt; war er ein Jude, habe er ihm gesagt: »Es ist genug Belohnung für dich, daß du deinen Feind in einer solchen Lage siehst!« Nach dreißig Tagen habe sich die Mücke an das Geräusch gewöhnt und es nicht mehr beachtet. Vor seinem Tode soll Titus, der inzwischen Kaiser geworden war, befohlen haben: »Verbrennt meine Leiche und zerstreut die Asche über alle sieben Weltmeere, so daß der Gott der Juden mich nicht finden und mich nicht zur Rechenschaft ziehen kann!«

Der Heide Titus kann sich bis zu seinem Ende den Gott der Juden nur so vorstellen, wie er sich Götter vorstellt. Da er ihm im Diesseits nicht gewachsen war, glaubt er, ihm – durch den Trick mit der Asche – wenigstens im Jenseits entwischen zu können. Nach dieser Darstellung heidnischer Unbelehrbarkeit endet unsere Legende mit einem überraschenden Schlußeffekt: Ein Schwestersohn des Titus namens Ónkelos sei zum Judentum übergetreten. Die Legende meint damit möglicherweise jenen Ónkelos, der als Übersetzer der Fünf Bücher Mose ins Aramäische in die Geschichte der jüdischen Religion eingegangen ist.

3. Talmudische Erzählungen von Betern und Gebeten

Im Talmud werden nicht nur Vorschriften und Handlungsweisen diskutiert, sondern es wird auch häufig berichtet, wie bestimmte Gesetzeslehrer tatsächlich in bestimmten Fällen gehandelt haben. Die folgenden Geschichten finden sich alle im ersten Traktat des Talmuds, betitelt »Segenssprüche«. Die Geschichten handeln dementsprechend von Segenssprüchen und von Gebeten überhaupt. Zu Beginn des Traktates (Blatt 3 a) findet sich eine Erzählung legendenhaften Charakters:

Nach einer mystischen Überlieferung steigt der biblische Prophet Elias manchmal vom Himmel herab und erscheint frommen Menschen. Einst soll er dem Rabbi Josi erschienen sein, der im 2. Jahrhundert n. Chr. lebte, also bald nach der Zerstörung des Tempels durch die Römer, als die Hinwendung der jüdischen Gläubigen zu Gott nicht mehr durch Darbringung von Opfern geschehen konnte und die Hinwendung durch Gebete immer mehr an Bedeutung gewann. Als Gebet schlechthin galt und gilt noch heute das aus achtzehn Segenssprüchen bestehende sogenannte »Achtzehn-Gebet«, das dreimal täglich verrichtet wird, morgens, nachmittags und abends. Der Talmud überliefert folgenden Bericht des Rabbi Josi: »Es geschah einst, daß ich meines Weges ging und abwich in eine der Ruinen Jerusalems, um das Achtzehn-Gebet zu verrichten. Da erschien der Prophet Elias und wartete auf mich am Eingang der Ruine, bis ich das Gebet beendete. Als ich das Gebet beendet hatte, begrüßte er mich mit den Worten: ›Friede sei mit dir, Rabbi.‹ Ich antwortete: ›Friede sei mit dir, mein Rabbi, mein Lehrer.‹ Da sprach er: ›Mein Sohn, warum hast du dich in die Ruine begeben?‹ – ›Um zu beten‹, sagte ich. Er darauf: ›Du hättest ja auf dem Wege beten können.‹ Ich antwortete ihm, daß ich fürchtete, ich könne durch die Passanten in meiner Andacht gestört werden. Darauf sagte er: ›Du hättest ja die abgekürzte Fassung des Gebetes sprechen können.‹ – Aus diesem Gespräch mit dem Propheten Elias lernte ich drei Dinge: Erstens: Man soll es womöglich vermeiden, sich in eine Ruine zu begeben (wegen der Gefahr des Einsturzes der noch stehenden Wände). Zweitens: Man darf auch auf dem Weg beten. Drittens: Wenn man auf dem Wege betet, ist es gestattet, das abgekürzte Gebet zu sprechen.« Soweit Rabbi Josi. Der Wortlaut des abgekürzten Gebetes, von dem hier die Rede ist, wird im Talmud an anderer Stelle überliefert (Berachot 39 a). Es besteht anstelle der 18 Segenssprüche aus einer einzigen kurzen Bitte: Gott möge den Beter auf den Weg der Tugend führen. Rabbi Josi berichtet weiter: »Ferner sprach der Prophet Elias zu mir: ›Mein Sohn, was hörtest du in dieser Ruine?‹ Ich antwortete: ›Ich hörte eine himmlische Stimme, die sich anhörte wie das Gurren einer Taube und sich folgendermaßen vernehmen ließ: Wehe meinen Kindern, um deren Sünden willen ich mein Haus zerstörte, meinen Tempel verbrannte und sie unter die Völker zerstreute.‹ Da sagte der Prophet Elias zu mir: ›Ich kann dir versichern, mein Sohn, daß dies nicht das einzige Mal war, daß die himmlische Stimme sich auf diese Weise vernehmen läßt, sondern jedes Mal, wenn die Israeliten beim Gebet ausrufen: Sein großer Name sei gesegnet, schüttelt der Heilige, gelobt sei er, sein Haupt (in Trauer) und spricht: Glücklich war Gott, der König, als man ihn so in seinem Tempel pries; unglücklich ist nun Gott, der Vater, der seine Kinder aus ihrem Land vertreiben mußte, und unglücklich sind die Kinder, die vom Tisch ihres Vaters verbannt sind.‹« – Dieser Teil der Elias-Legende, mit ihrem kühnen Anthropomorphismus, verdeutlicht die Macht des Gebetes: Wenn die Irdischen beten, setzen sie damit die himmlische Welt in Bewegung: Gott selbst reagiert, in diesem Fall nostalgisch, in wehmütiger Erinnerung an die Zeit, da die Israeliten, die er als seine Kinder bezeichnet, ihn im Tempel zu Jerusalem priesen.

Von der Wichtigkeit des Gebetes handelt auch die folgende Erzählung (Berachot 32b), die sich zur Zeit der Römerherrschaft über Palästina zutrug, als ein Frommer, ohne sich durch Passanten stören zu lassen, das Achtzehn-Gebet auf dem Wege verrichtete. »Da kam«, berichtet der Talmud, »ein römischer Offizier vorbei und grüßte den Frommen, dieser aber erwiderte den Gruß nicht. Der Offizier wartete, bis der Fromme sein Gebet beendet hatte und sprach dann zu ihm: ›Du Narr! Euer Glauben erlaubt euch doch, bei Lebensgefahr religiöse Gebote zu übertreten, wenn dadurch die Gefahr abgewendet wird. Warum hast du also durch Nicht-Beachtung meines Grußes dein Leben aufs Spiel gesetzt? Wenn ich Dir mit meinem Schwert den Kopf abgehauen hätte, wer hätte dein Blut gerächt?‹ Der Fromme erwiderte: ›Ich will dir meine Handlungsweise verständlich machen: Stelle dir vor, du würdest vor einem irdischen König stehen und dein Freund käme gerade vorbei und entbietet dir den Friedensgruß, würdest du seinen Gruß erwidern?‹ ›Nein‹, sagte der Offizier. ›Und wenn du den Gruß erwidert hättest‹, fragte der Fromme weiter, ›was hätte man dir getan?‹ ›Man hätte mich geköpft‹, sagte der Offizier. ›Wenn dem so ist‹, sagte der Fromme, ›können wir einen Schluß ziehen vom Leichten auf das Schwerere: Wenn schon dein Benehmen vor einem irdischen König, der heute hier ist und morgen im Grab, dich das Leben kosten kann, um wieviel mehr muß ich, wenn ich vor dem ewigen Gott stehe, mich vor ungehörigem Benehmen in acht nehmen.‹ Der Offizier hatte nun Verständnis für die Nicht-Erwiderung des Grußes, und der Fromme setzte in Frieden seinen Weg fort.«

Der folgende zweiteilige Bericht – ebenfalls aus dem Traktat »Segenssprüche« (34 a) – will uns lehren, daß es nicht in erster Linie darauf ankommt, *wie lange* man betet, sondern *wie* man betet: »Einst war ein Gelehrtenschüler in Gegenwart von Rabbi Eliéser als Vorbeter tätig. Er zog das Gebet so sehr in die Länge, daß die anderen anwesenden Gelehrtenschüler sich bei Rabbi Eliéser beschwerten: ›Wie langatmig ist doch dieser‹, sagten sie. Der Rabbi aber verteidigte den Vorbeter mit den Worten: ›Er zog sein Gebet nicht mehr in die Länge als Moses, der auf dem Berg Sinai vierzig Tage im Gebet zu Gott verbrachte‹ (Deut. 9,25). Ein anderes Mal war es umgekehrt: ein Gelehrtenschüler, der, ebenfalls in Gegenwart des Rabbi Eliéser, als Vorbeter fungierte, kürzte das Gebet sehr ab. Die anderen Gelehrtenschüler sagten darauf zum Rabbi: ›Wie sehr kürzt doch dieser das Gebet!‹ Der Rabbi erwiderte ihnen: ›Spricht er denn kürzer als Moses, der, als seine Schwester Mirjam an Aussatz erkrankt war, zu Gott nur betete: Oh, Gott, heile sie doch!‹ (Num. 12,13).« – Wie die Bibel berichtet, ging dieses kurze Bittgebet des Moses in Erfüllung: Mirjam wurde geheilt. Es kommt also nicht auf die Länge eines Gebetes an. So heißt es an einer anderen Stelle im Talmud (Sanhedrin 106 b unt.) kurz und bündig: »Der Allbarmherzige verlangt das *Herz* des Menschen«, und (mit Hinweis auf 1 Sam. 16,7): »Der Mensch sieht, was vor den Augen ist, Gott aber sieht das Herz.«

Eine Sentenz in den *Sprüchen der Väter* lautet: »Mache dein Gebet nicht zu etwas Festgegebenem, Gewohnheitsmäßigem, sondern zu einem Bitten und Flehen vor Gott.« (II, 18) Da nun die dreimal täglich gesprochenen achtzehn Segenssprüche Bitten enthalten, deren Wortlaut im Lauf der Zeit stets gleich geblieben ist, bestand die Gefahr, daß das Element des »Flehens um Erbarmen« nicht genügend hervortrat. Einige Gesetzeslehrer der talmudischen Zeit pflegten daher den »offiziellen« Bitten des morgendlichen Achtzehn-Gebetes Bitten hinzuzufügen, in denen sie ihren persönlichen Gefühlen freien Lauf ließen. Erfreulicherweise überliefert uns der Talmud, ebenfalls im Traktat »Segenssprüche« (Berachot 16b u. 17a), einige dieser Gebete im Wortlaut, so daß wir einen Einblick in die Gefühlswelt und auch in die Formulierungskunst dieser Gesetzeslehrer bekommen können. Sie stammen von palästinensischen Gesetzeslehrern des 2. bis 3. und von babylonischen Gesetzeslehrern des 2. bis 5. Jahrhunderts unserer Zeitrechnung und sind alle in reinem Hebräisch abgefaßt. Ihr Sinn ist einfach und leicht verständlich, wir können sie daher in deutscher Übersetzung ohne jeden Kommentar auf uns einwirken lassen.

»Rabbi Elásar, wenn er sein tägliches Gebet beendet hatte, sprach also: ›Es sei Dein Wille, Herr, unser Gott, daß unserem Lose einwohne: Liebe und Brüderlichkeit, Friede und Freundschaft, / daß sich Gotteserkenntnis mehre durch Vermehrung der gottsuchenden Jünger, / daß du geraten läßt unsere Vorhaben und die Ziele unserer Hoffnung, / daß du uns teilhaben läßt an den Segnungen des Paradieses, / daß du uns einfügst in deine Welt durch gute Genossen und unseren Impuls zu guten Taten bestärkst, / daß wir des morgens erwachen und uns in Gottesfurcht bestärkt finden.‹ – Rabbi Jóchanan sprach also, wenn er sein tägliches Gebet beendet hatte: ›Es sei Dein Wille, Herr, unser Gott, daß du blickest auf unsere Schmach, / daß du schauest auf unsere Schande, / daß du dich kleidest in dein Erbarmen, / dich einhüllst in deine Kraft, / dich gewandest in deine Huld, / dich rüstest mit deiner Gunst, / auf daß in Erscheinung trete die Eigenschaft deiner Güte und deiner Sanftmut.‹ – Rabbi Séra, wenn er sein tägliches Gebet beendet hatte, sprach also: ›Es sei dein Wille, Herr, unser Gott, daß wir nicht sündigen, / um nicht in Schmach zu fallen und uns schämen zu müssen vor unseren frommen Vorfahren.‹ – Rabbi Chîja, wenn er sein tägliches Gebet beendet hatte, sprach also: ›Es sei dein Wille, Herr, unser Gott, daß das Studium der heiligen Schriften unsere Beschäftigung sei, / daß nicht betrübt werde unser Herz, / nicht finster unser Auge.‹ – Ráw, wenn er sein tägliches Gebet beendet hatte, sprach also: ›Es sei dein Wille, Herr, unser Gott, daß du uns gäbest ein langes Leben, / ein Leben des Friedens, / ein Leben des Wohlseins, / ein Leben des Segens, / ein Leben des guten Lebensunterhaltes, / ein Leben körperlicher Rüstigkeit, / ein Leben der Sündenfurcht, / ein Leben frei von Schmach und Schimpf, / ein Leben reich an Gütern und Ehre, / ein Leben voll mit Liebe zu Gott und seinen Geboten, / ein Leben, in dem alle unsere Herzenswünsche in Erfüllung gehen.‹ – Rabbi Alexandri, wenn er sein tägliches Gebet beendet hatte, sprach also: ›Es sei dein Wille, Herr, unser Gott, daß du uns stellest in den Winkel des Lichtes, / nicht aber uns stellest in den Winkel der Finsternis, / daß nicht betrübt werde unser Herz, / nicht finster unser Auge.‹ – Ráwa, wenn er sein tägliches Gebet beendet hatte, sprach also: ›Mein Gott, bevor ich gestaltet ward, war ich nichts wert, und jetzt, da ich gestaltet ward, ist's, als wär' ich nicht gestaltet worden. Staub bin ich in meinem Leben, um wieviel mehr bei meinem Ableben. Siehe, ich bin vor dir wie ein Gefäß voll Schmach und Schande. Dein Wille sei es, Herr, unser Gott, daß ich nicht mehr sündige, und was ich gesündigt habe, lösche aus in deinem großen Erbarmen, aber nicht durch Leiden und böse Krankheiten.‹ – Diese selben Worte sprach ein anderer Rabbi als Sündenbekenntnis am Versöhnungstag. – Die Meister des Lehrhauses von Jáwne pflegten folgendes zu sprechen: ›Ich bin ein Geschöpf, und mein Mitmensch ist ein Geschöpf; ich – meine Arbeit ist in der Stadt, und er – seine Arbeit ist auf dem Felde. Ich stehe früh auf zu meiner Arbeit und er steht früh auf zu seiner Arbeit. Gleich wie er sich nicht überhebt über meine Arbeit, so überhebe ich mich nicht über seine Arbeit. Und willst du etwa sagen: Ich studiere viel, und er studiert weniger, so gilt der Spruch: Der eine tut mehr, der andere weniger – es kommt auf die gute Absicht an.‹«

Schließlich sei das Gebet eines babylonischen Gesetzeslehrers wiedergegeben, das in der jüdischen Gemeinschaft so viel Anklang gefunden hat, daß es als offizieller Bestandteil in die Liturgie aufgenommen wurde und daher noch heute allmorgendlich im Anschluß an das Achtzehn-Gebet gesprochen wird. Es stammt von Mar, Sohn Rawînas, und lautet: »Mein Gott, bewahre meine Zunge vor Bösem und meine Lippen vor trügerischen Reden; denen gegenüber, die fluchen, schweige meine Seele und es sei meine Seele wie Staub allen gegenüber. Öffne mein Herz deiner Lehre, und deinen Geboten jage meine Seele nach. Rette mich vor heimtückischen Anschlägen anderer und vor meinen eigenen schlechten Impulsen, überhaupt vor allem Bösen, das herbeiströmt, in die Welt zu kommen. Allen aber, die Böses planen gegen mich, zerbrich ihren Ratschluß und verdirb ihre Gedanken. Wohlgefällig seien die Worte meines Mundes und das Sinnen meines Herzens vor dir, Gott, mein Fels, mein Erlöser.«

III. Aus der Lehre vom rechten Leben

1. »Der Weg der Frommen«. Ein ethisches Kompendium des 18. Jahrhunderts

Die Ethik des Judentums ist niedergelegt im Alten Testament und in dem im Jahre 500 n. Chr. abgeschlossenen Hauptwerk der jüdischen Tradition, dem Talmud. Jedoch weder im Alten Testament noch im Talmud ist die Ethik systematisch dargestellt. Eine solche systematische Darstellung erfolgte jedoch im Mittelalter in Form von Moralbüchern mit malerischen Titeln wie: »Der lichtspendende Leuchter«, »Pflichten der Herzen« und dergleichen. Aber auch in der Neuzeit entstanden Werke, die man als systematische Leitfaden zur Vervollkommnung des sittlichen Lebenswandels bezeichnen kann. Das wohl bekannteste ist betitelt »Der Weg der Frommen« von Rabbi Mósche Chájim Luzzatto.

Er wurde 1707 in Padua geboren, führte ein unstetes Wanderleben und wurde im Alter von nur vierzig Jahren, kurz nach seiner Einwanderung in Palästina, mit Frau und Kind in Akko von der Pest weggerafft. Er war ein schwärmerischer Geist, der tief in die Gedankenwelt der jüdischen Mystik eindrang, andererseits auch ein begabter Dichter, der ein allegorisches Drama in hebräischer Sprache verfaßte, betitelt »Ruhm der Tugendhaften«. Sein Hauptwerk ist aber das genannte ethische Kompendium.

Luzzatto ist sich dessen bewußt, daß er auf dem Gebiet der jüdischen Ethik keine neuen Lehren aufstellen kann, und sagt dies auch ausdrücklich zu Beginn seiner Vorrede mit folgenden Worten: »Das Werk habe ich nicht verfaßt, um meinen Zeitgenossen etwas Neues zu lehren. Ich wollte sie nur an das erinnern, was bekannt und allgemein verbreitet ist. Denn das meiste, was ich zu sagen habe, wissen so ziemlich alle, es wird von keinem bezweifelt. Aber so allgemein es verbreitet ist und so offen die Wahrheit dieser Dinge zutage liegt, so oft und leicht wird sie vergessen. Darum wird dieses Buch auch keinem Nutzen bringen, wenn er es nur einmal liest. Es könnte leicht vorkommen, daß der Leser sich verwundert fragt, was er denn Neues gelernt habe. Wenn er es aber fleißig wiederholt, dann werden ihm all diese Dinge, die der Mensch so leicht vergißt, in Erinnerung bleiben, dann wird er die Pflichten, denen er sich oft entzieht, sich zu Gemüte führen.«

Joseph Wohlgemuth, der Übersetzer des Werkes vom Hebräischen ins Deutsche (Berlin, 1906), bemerkt hierzu: »Auch heute, und heute mehr als je, ist es nötig, das scheinbar Selbstverständliche, das in den ethischen Kompendien ausgesprochen ist, sich vor Augen zu führen, und auch heute wird den rechten Gewinn aus derartigen Betrachtungen nur der ziehen, dem sie nicht Gegenstand einer flüchtigen Lektüre, sondern Herzenssache sind.« – »Im übrigen«, fügt Wohlgemuth hinzu, »wird der Kenner unserer ethischen Literatur dennoch das Urteil fällen, daß neben einer Reihe neuer Gedanken vor allem die Form, in der die Gedanken vorgetragen, und die Gesichtspunkte, unter denen sie gruppiert sind, eine eigenartige und selbständige Schöpfung Luzzattos sind.« Wohlgemuth, der von 1895 bis 1932 am orthodoxen Rabbinerseminar zu Berlin Ethik dozierte und auch sonst in Berlin als Erzieher wirkte, berichtet dann über seine Erfahrung mit diesem Kompendium im Ethik-Unterricht: »Ich habe bei diesem Buch«, schreibt er, »die Probe auf's Exempel gemacht. In der Selekta [Klasse mit Vorzugsschülern, L.P.] der Religionsschule der jüdischen Gemeinde Berlin, sowie mit Primanern, jungen Kaufleuten und Akademikern habe ich das Buch gelesen und den starken Eindruck, den der tiefe Gehalt und die begeisternde Form auf den Hörer übt, feststellen können.«

Wir wollen nun, in der Übersetzung Wohlgemuths, einige Kostproben aus dem »Weg der Frommen« auf uns wirken lassen.

Zum Thema »Du sollst nicht nachtragen!« sagt Luzzatto: »Unmittelbar vor dem Liebesgebot – ›Liebe deinen Nächsten wie dich selbst‹ – heißt es in der Schrift (Lev. 19,18): ›Du sollst dich nicht rächen und sollst nichts nachtragen.‹ Es fällt dem Menschen recht schwer, sich vor dieser Leidenschaft zu retten. Denn der Mensch fühlt nur zu sehr die Schmach, die ihm angetan wurde, und bitterlich weh tut ihm der Schmerz. Rache ist süß!, süßer denn Honig, denn sie allein gibt ihm die Ruhe wieder. Wenn er aber die Kraft besitzt, das zu lassen, wozu die Natur ihn zwingt, sich selbst zu überwinden und den Mann, der seinen Haß erregt hat, nicht zu hassen und ihm nichts nachzutragen, auch wenn die Gelegenheit sich ihm bietet, wenn er alles vergessen will und aus seinem Herzen reißt, dann ist er ein Starker und ein Held. An sich ist das nur den Engeln gegeben, denen diese Leidenschaften überhaupt fremd sind, nicht aber den Menschen mit ihren menschlichen Schwächen. Aber die Worte der Schrift sind deutlich und klar: ›Du sollst dich nicht rächen und sollst nichts nachtragen.‹ – Der Unterschied zwischen Rache und Nachtragen ist bekannt. Rache übt der, der einem die Erfüllung eines Wunsches verweigert, weil dieser ihm einst etwas abgeschlagen oder ihm Böses zugefügt hat. Wer nachträgt, erweist wohl dem, der ihm Böses angetan hat, Gutes, aber er erinnert jenen in irgendeiner Weise an das, was er ihm angetan hatte. Hier ein konkretes Beispiel (aus dem Talmud, Joma 23a): ›A sagt zu B: Leihe mir deine Sichel! B sagt: Nein. Nach einer Zeit benötigt B eine Axt und sagt zu A: Leihe mir deine Axt! Darauf A: Ich leihe dir meine Axt nicht, wie du mir ja auch deine Sichel nicht geliehen hattest. Dies ist Rache. Sagt aber A: Hier hast du die Axt, ich leihe sie dir; ich bin nicht wie du, der du mir die Sichel nicht hattest leihen wollen, so ist dies: Nachtragen.‹« Nach diesem Zitat aus dem Talmud fährt Luzzatto fort: »Der böse Trieb bringt eben das Herz immer wieder in Wallung und macht immer von Neuem den Versuch, ihm irgend eine Spur oder eine Erinnerung zu bewahren, kann es nicht eine lebhafte Erinnerung, so soll es wenigstens eine Schwäche sein. Darum hat die Schrift den allgemeinen Grundsatz aufgestellt: ›Liebe deinen Nächsten wie dich selbst.‹ ›Wie dich selbst‹, – da ist kein Unterschied. ›Wie dich selbst‹, da gibt's keine Ausnahme, keine Deutelei noch Verdrehung, genau so wie dich selbst!« (Wohlgemuth a.a.O. 62–64)

Wir wollen nun noch einige Proben bieten für die Art und Weise, in der Luzzatto Bibelverse, Aussprüche der Weisen und eigene Gedanken zu einer Einheit verschmilzt, zu einem »Email aus den feinsten Eleganzen« (Franz Delitzsch, zit. von Wohlgemuth a.a.O., Einl. X–XI).

Hören wir zunächst, was Luzzatto zum Thema »Richtiges Ratgeben« bemerkt (Wohlgemuth a.a.O. 60–62): »Gib wider besseres Wissen keinen schlechten Rat! Wenn die Schrift sagt (Leviticus 19,14): ›Einem Blinden sollst du nichts in den Weg legen, worüber er fallen kann‹, so meint sie damit auch einen, der in einer Sache blind ist und keinen Rat weiß. Befragt er dich um einen Rat, so gib ihm nicht einen Rat, der nicht wirklich für ihn der beste ist. Sage ihm nicht: ›Veräußere doch dein Feld und kaufe dir dafür eine Schafherde‹, wenn das nur eine List ist, um in Besitz des Feldes zu kommen. Du entschuldigst dich wohl: der Rat, den ich ihm gebe, ist doch an sich gut! Bedenke aber: die Fortsetzung des Verses lautet: ›Fürchten sollst du dich vor deinem Gotte‹, und Gott sieht ins Herz. Den Menschen kannst du weismachen, dein Rat sei gut gemeint, Gott aber durchschaut dich, wenn du dabei egoistische Hintergedanken hast. Bei ihrer Mahnung, vor Blinde keinen Fallstrick zu legen, hat die Schrift gewiß an solche scheinbar gut gemeinte Ratschläge gedacht, die für den anderen auf den ersten Blick durchaus vorteilhaft scheinen und sich erst am Ende als für den Ratgeber selbst vorteilhaft herausstellen. Die Schrift spricht ja gewiß nicht von den Toren, die den anderen einen Rat geben, von dem sich sofort herausstellt, daß er ins Unglück führt. Die Pflicht eines redlichen Mannes ist: Wenn einer kommt, um sich mit ihm zu beraten, dann gibt er ihm den Rat, dem er, befände er sich in der gleichen Lage, für seine Person folgen würde. Er zieht nur das in Betracht, was für den anderen von Vorteil ist, ohne Rücksicht auf irgend ein anderes nahe oder fern liegendes Moment. Trifft es sich aber, daß dieser Rat, nach seiner Meinung, ihm selbst zum Schaden gereichen würde, dann soll er das – sofern es geht – dem anderen freimütig vorstellen, sonst lasse er ganz die Hände davon und übernehme nicht die Rolle des Ratgebers. Auf keinen Fall lasse er sich in seiner Antwort von anderen Rücksichten leiten, als sie dem Vorteil dessen, der um den Rat ersucht, entsprechen.«

Über die Untugend des Beleidigens sagt Luzzatto (Wohlgemuth a.a.O. 59f.): »Schädige und verletze den Nächsten nicht durch ein Wort! Das heißt zunächst: Sage deinem Nächsten nicht einmal unter vier Augen ein Wort, das ihn beschämt. So heißt es im Talmud (Traktat Baba mezia 58b): ›Ist er ein reuiger Sünder, dann sage ihm nicht: Denke daran, was du früher getan! Wenn Krankheiten über jemanden kommen, dann sprich nicht zu ihm wie die Freunde Hiobs, die zu Hiob sprachen: Bedenke doch, wo wäre je ein Unschuldiger zugrunde gegangen, wo wäre je ein Frommer vernichtet worden!?‹ (Hiob 4,7). An der gleichen Talmud-Stelle betonen die Weisen: ›Eine Verletzung des Nächsten durch Worte kann unter Umständen schlimmer sein als eine Schädigung in Geldangelegenheiten, denn Geld kann man wieder erstatten, eine Verletzung des Nächsten durch Worte jedoch kann nicht so leicht wieder gutgemacht werden.‹ Und nun gar, wenn man den anderen in Gegenwart vieler Zeugen verletzt. – Wenn im Talmud die Rede ist von jemandem, der seinen Nächsten öffentlich beschämt, so bedeutet die Wendung wörtlich: ›Er macht das Gesicht seines Nächsten blaß‹, da infolge der öffentlichen Beschämung das Gesicht seine rote Farbe verliert. Nach dieser bildhaften Ausdrucksweise stellt die öffentliche Beschämung eine geradezu physische Attacke dar. In eindringlicher Weise warnt daher der Talmud (ebda.) davor, seinen Nächsten mit Worten zu beschämen. So sagt Rabbi Chisda: ›Alle Himmelspforten, die dem Gebet sich öffnen, werden auch einmal geschlossen, nur nicht die Tore des Gebetes, das ein gekränkter Mensch in seiner Not zu Gott sendet.‹

Und selbst dort, wo die Schrift geboten hat (Lev. 19,17): ›Zurechtweisen sollst du deinen Nächsten‹, da fügen die Weisen hinzu (Talmud, Traktat Erachin 16b): ›Ich könnte meinen, daß ich ihn, um ihn vor Sünde zu bewahren, auch in einer Weise zurechtweisen darf, daß er beschämt wird. Um dieser falschen Meinung vorzubeugen, heißt es in der Schrift weiter: Du sollst aber durch die Zurechtweisung keine Sünde auf dich laden!‹ Das Zurechtweisen geschehe also auf milde, taktvolle Art und Weise.«

Zum Abschluß seines Werkes bemerkt Luzzatto: »Und nun das letzte Wort, lieber Leser! Du weißt so gut wie ich, daß ich in dieser Schrift nicht alle Faktoren der Frömmigkeit erörtert, daß ich das Thema nicht erschöpft habe, denn es ist unerschöpflich und bietet der eingehenden Betrachtung immer neue Seiten dar ... Das ist freilich klar: Eines schickt sich nicht für alle. Je nach Beruf und Beschäftigung werden alle Mittel, auf den rechten Weg zu gelangen, verschieden sein. Der gelehrte Theologe wird *diesen* Weg zur Frömmigkeit einschlagen müssen, derjenige, der einen geschäftlichen oder handwerklichen Beruf ausübt, wieder einen *anderen* Weg, je nach Art des Berufes. Nicht als ob es verschiedene Arten der Frömmigkeit gäbe, – es gibt nur eine, und die gilt für jeden in gleicher Weise, denn ihr Wesen besteht darin, all das zu üben, was unserem Schöpfer Freude bereitet. Doch da die Menschen verschieden sind, die die Frömmigkeit üben sollen, so müssen auch die Mittel verschieden sein, durch die sie zu diesem Ziel gelangen. So kann ein Mann, der genötigt ist, niedrige Arbeit zu verrichten, ebenso fromm sein, wie einer, der ununterbrochen sich dem Studium der theologischen Schriften widmet ... Ehre allein dem Schöpfer der Welt!«

2. *Ethische ›Testamente‹*

Ethische ›Testamente‹, d. h. ethische Ratschläge als Vermächtnis von Eltern an ihre Kinder, wurden zu verschiedenen Zeiten und in verschiedenen Ländern geschrieben. Sie sind ein Ausdruck dafür, daß Eltern oft das Bedürfnis fühlen, ihren Kindern bestimmte Aspekte ethischen Verhaltens besonders ans Herz zu legen. Im Lauf der Zeit geschah dies so häufig, daß diese, meist in hebräischer Sprache abgefaßten, ethischen Testamente zu einem integralen Bestandteil der hebräischen Literatur wurden. Es liegt in der Natur jedes Testamentes, daß es kurz und sachlich formuliert ist. So enthalten auch die ethischen Testamente nur kurze praktische Ermahnungen für das Leben, nicht aber die in den Moralbüchern übliche ›theoretische‹ Untermauerung der Ermahnungen. Diese Kürze und Einfachheit macht die ethischen Testamente, die zum Teil in Sammelbänden erschienen, als Lektüre beim einfachen Volk beliebt, so daß sie ihre Wirkung weit über den Kreis der Nachkommen des Verfassers hinaus ausüben, besonders wenn dieser eine anerkannte rabbinische Persönlichkeit ist.

Die ersten beiden, von uns in Auszügen wiedergegebenen, ethischen Testamente stammen von Vater und Sohn, beide führende rabbinische Persönlichkeiten ihrer Zeit.

Der Vater ist Rabbi Áscher, Sohn des Jechiél, geb. in der Rheingegend um 1250. Pogrome zwangen ihn, nach Spanien auszuwandern. Er wurde Rabbiner in Toledo, wo er 1327 starb. In seinem ethischen Testament hinterließ er folgende Ermahnungen an seinen Sohn: »Sei nicht zanksüchtig, halte dich fern von Schwüren und Gelöbnissen, von Gelächter und Ausbrüchen des Zornes; sie verwirren des Menschen Sinn. Vermeide lügenhafte Handlungen, sprich den Namen Gottes nicht unnütz aus und nicht an schmutzigen Orten. Tu ab die Stützen, auf welche die Menschen vertrauen, mache Gold nicht zu deiner Lebenshoffnung; das wäre zum Götzendienst der erste Schritt. Vielmehr wandle in Demut vor deinem Schöpfer und gib, wo es sein Wille ist, dein Geld fort; er kann dir Ersatz gewähren. Gib leichter Geld als Worte von dir; das böse Wort lege auf die Waage des Verstandes, bevor du es aussprichst. Was man in deiner Gegenwart, wenn auch nicht als Geheimnis, gesprochen, das bleibe bei dir verborgen. – Nicht wie der Faule sollst du schlafen, stehe auf mit der Sonne und mit dem Gesang der Vögel. Sei kein Schlemmer und kein Säufer, du möchtest deines Schöpfers vergessen. Sieh nicht auf den, der im Reichtum über dich emporgestiegen, sondern auf die hinter dir Zurückgebliebenen. Aber in dem Dienste und in der Furcht Gottes sieh auf den Größeren, nicht auf den Geringeren. – Freue dich bei Zurechtweisungen, nimm willig Rat und Belehrung an; erhebe dich nicht stolz über die Menschen ... Erhebe die Hand nicht gegen deinen Nächsten, auch wenn er vor dir deine Eltern lästert; rede von niemand Böses, verspotte und verleumde keinen Menschen! Hat jemand Unschickliches gesprochen, so gib ihm keine freche Antwort. Auf der Straße soll man dich nie hören, schreie nicht wie einem Vieh gleich, sondern sprich anständig! Beschäme keinen öffentlich, mißbrauche deine Gewalt gegen niemand ... Nie unterlasse es, dir Freunde zu erwerben! ... Strebe nicht nach dem eitlen Ruhm, Recht zu haben im Streite mit einem Weisen; du wirst nicht weiser davon ... Bohre nicht nach fremden Geheimnissen. Mit schlechten Menschen, mit Jähzornigen, mit Narren laß dich nicht ein; du kaufst dabei nichts als Schande ... Bleibe jedem dankbar, der dir zu deinem Brote verholfen hat; sei aufrichtig und wahr gegen Juden wie gegen Nichtjuden; grüße jeden zuerst, ohne Unterschied des Glaubens; erzürne keine Andersgläubigen.«

Auffällig an diesem ethischen Testament ist, daß die Ermahnungen fast ausschließlich allgemein menschliches Wohlverhalten betreffen, nicht rein kultisch-religiöse Vorschriften.

Dies gilt im großen und ganzen auch für das Testament des Sohnes, *Jehúda,* Sohn des Ascher, der seinem Vater als Rabbiner in Toledo nachfolgte und dort 1349 starb. In seinem Testament heißt es unter anderem: »Und nun, meine Söhne, ... was ist der Zweck eures Erdendaseins? Wahrlich nicht, daß ihr euren Leib pflegt und euch in Byssus und bunte Gewänder kleidet; euer Lebenszweck ist es, Gott zu dienen, dem Weltenschöpfer, der den Erdball im Himmelsraume kreisen läßt. Wohl müssen wir unseren Leib durch Speis' und Trank erhalten und uns in Gewänder kleiden, aber nur, weil wir dieselben nicht entbehren können und der Leib Werkzeug ist, durch das wir die Gebote üben, welche die Seele aufgenommen hat ... Gehört nicht der Klasse der Lügner an; Falschheit und Lüge werde nicht unter euch gefunden; Wahrheit und Treue sei der Gurt eurer Lenden. Gehöret nicht der Klasse der Spötter an und haltet euch von übermütigen Späßen und Scherzen fern; spielet nicht um Geld, das ist Räuberhandwerk ... Seid beflissen, jedermann zu ehren, ihr ehrt euch damit selbst. So hielt es ein weiser Mann, er hielt jeden der Mitmenschen höher als sich selbst. Begegnete er einem Greis, dann sprach er in seinem Herzen: der hat sicherlich mehr des Guten getan als ich; traf er einen reichen Mann, dann sagte er sich: dieser übte mehr an wohltätigen Werken als ich; sah er einen Jüngling, da war es ihm sicher, daß dieser weniger Sünden begangen habe, und den Weisen meinte er ehren zu müssen, da der ihn doch an Weisheit überrage.«[2]

Die beiden folgenden Testamente stammen von einem Vater und einer Tochter dieses Vaters.

Beim Vater handelt es sich um den 1839 heimgegangenen Preßburger Oberrabbiner Moses Schreiber – auch Sófer genannt –, einer der großen charismatischen Führergestalten des Judentums im 19. Jahrhundert. Nach dem Urteil eines seiner Biographen, Prof. Katz von der Hebräischen Universität Jerusalem, zeichnete sich Moses Schreiber aus durch außergewöhnliche Gelehrsamkeit, vorbildliche Lebensführung und durch seine Fähigkeit, seine Glaubensgenossen für die Ideale der jüdischen Religion zu begeistern.[3]

Im Jahre 1836, also drei Jahre vor seinem Tod, schrieb er seine letztwillige Verfügung, in der es unter anderem heißt: »Da der Mensch nicht weiß, wann seine letzte Stunde schlägt, ist es stets die Zeit, für Gott zu handeln ... Ihr, meine Söhne und Töchter, Schwiegersöhne und Enkel und deren Kinder: Höret auf mich und ihr werdet leben. Neiget euer Herz nicht zum Schlechten ... Wenn ihr, was Gott verhüten möge, in Versuchung des Hungers, des Durstes und der Armut geraten solltet, dann seid standhaft in der Versuchung und tut nichts Verbotenes ... Und so Gott euch seine Gnade zuwenden wird, wie ich erhoffe, erhebt nicht euer Haupt in Stolz und Anmaßung gegen irgendwelchen anständigen Menschen, fern sei es von euch! Seid euch bewußt, daß unser Vater Abraham sagte: ›Bin ja nur Staub und Asche‹ (Gen. 18,27), daß unser Lehrer Moses sagte: ›Wer sind wir schon‹ (Ex. 16,7), und daß unser König David sagte: ›Ein Wurm bin ich, kein Mann‹ (Ps. 22,7). Und der König, dessen wir harren, wird als armer Mann in Erscheinung treten, auf einem Esel reitend; was berechtigt also zu Stolz und Übermut? – Stärkt euch, wappnet euch, mit Eifer versenkt euch in die Lehre des ewigen Gottes. Erweitert, verbreitert die Basis der Tora in der Öffentlichkeit. Auch wenn ihr wenig zu bieten habt, stellt das wenige, das euch Gott gegeben, in den Dienst des Gesamtwohls, mit Anspannung aller Kräfte und mit Einfalt des Herzens, so daß der Heilige, gelobt sei er, eure reine Absicht anerkennt. Ohne Nebengedanken dienet der Ehre Seines großen Namens, gepriesen und erhoben sei Er; kein Schmeichler kann vor Ihm bestehen ... Macht euch keine Sorgen, wenn ich euch kein Vermögen hinterlasse, denn Gott der Vater der Waisen erbarmt sich der Waisen, nimmt sich ihrer mehr an als Vater und Mutter und wird euch nicht verlassen. Es fehlt Gott nicht an Macht, mit viel oder wenig zu helfen. – Gottes Lehre diene euch nicht als Spaten, damit zu graben, als Mittel zu irgend einem Zweck. Und ganz besonders hütet euch davor, von Ort zu Ort zu ziehen und für Geld Predigten zu halten oder zu sprechen: ›Nehmt mich als Rabbiner an!‹ Vielmehr beim Namen soll man dich rufen, an deinen Platz dich setzen und das dir Gebührende dir geben. Saget nicht: die Zeiten haben sich geändert; denn wir haben einen alten Vater, gelobt sei Er, der sich nicht verändert hat und sich nicht verändern wird.

Er, Beständiger immerfort
Vermag euch zu sein schirmender Hort
Segensspender von hohem Ort.«

Dieses Testament ist in hebräischer Sprache geschrieben.[4] Die Muttersprache des Rabbi Moses Schreiber war jedoch deutsch, denn er ist in Frankfurt am Main geboren und aufgewachsen und unterzeichnete alle Dokumente, auch das Testament, mit »Moses Sófer min (= von) Frankfurt am Main«.

Deutsch ist auch die Muttersprache der in Preßburg geborenen Kinder geblieben, und so ist es verständlich, daß das ethische Testament seiner jüngsten Tochter, Simcha Lehmann, geborene Schreiber, die 1913 im Alter von 90 Jahren in Preßburg das Zeitliche segnete, in Deutsch gehalten ist, wenn auch in hebräischen Buchstaben. Es lautet: »Nehmt euch in acht, teure Enkelkinder, vor übler Nachrede, denn erstens ist diese eine der größten Sünden, zweitens zeugt üble Nachrede von Charakterschwäche. Der fromme Charaktermensch soll stets die guten Eigenschaften seines Nächsten hervorheben und nicht seine

Fehler. Jeder Staubgeborene hat Fehler, es gibt keinen Gerechten, der nicht auch sündigt, man braucht ja nicht unbedingt zu loben, darf aber keinesfalls das Gegenteil tun; auch ist es eine gute Tat und eine Tugend, jeden Menschen nach seinen guten Seiten zu beurteilen und nicht alle seine Handlungen zum Schlechten auszudeuten; und wenn man mit jemandem in Wortwechsel gerät, soll man nicht das letzte Wort haben wollen, sondern lieber schweigen. Am Nachgeben, so sagen unsere Weisen, erkennt man den geistigen Adel. So sollt ihr euch nicht abhalten lassen, wenn nötig auch euren nächsten Verwandten üble Nachrede und schlechtes Denken über andere Menschen abzugewöhnen. Auch hat König Salomo in den Proverbien gesagt: Der Narr will nicht lernen, will seine Fehler nicht ausbessern lassen, so bleibt er ewig ein Narr; der Weise lernt gerne dazu, so wird er stets weiser. – Von eurer aufrichtig treuen, gut meinenden Großmutter, die euch alles erdenkliche Gute wünscht; möge Gott euch mit allem Guten segnen. Amen.«[5]

3. Aus dem »Großen Traktat der Anstandsregeln«

Der Talmud wird oft wegen seines Umfangs und seines enzyklopädischen Inhalts mit einem Meer verglichen und das schwierige Studium des Talmuds mit einem »Schwimmen im Meer des Talmuds«. Es gibt aber auch, sozusagen als Nebenprodukte des Talmuds, einige an Umfang sowie an Inhalt überschaubare Werke, von denen zwei kleine, im frühen Mittelalter entstandene Traktate insofern eine Einheit bilden, als sie fast ausschließlich moralische Empfehlungen, insbesondere Anstandsregeln behandeln, die, auch wenn sie von der Religion her begründet werden, für jedermann gelten können, nicht nur für Angehörige der jüdischen Religion. Der Titel des einen der beiden Traktate lautet: »Das große Traktat der Anstandsregeln«, nicht weil es umfangreich wäre, sondern um es von dem anderen, kleineren Traktat zu unterscheiden, der sich »Das kleine Traktat der Anstandsregeln« nennt. Hier einige Auszüge aus dem »Großen Traktat«, übersetzt aus dem Hebräischen:

»Wer folgende vier Dinge sich zu Herzen nimmt«, so heißt es zu Beginn, »wird nicht sündigen: Woher er kommt, wohin er geht, was einst aus ihm wird und wer sein Richter sein wird. Woher er kommt? Aus einem Ort der Dunkelheit (dem Mutterleib). Wohin er geht? Zum Ort der Dunkelheit (ins Grab). Was aus ihm werden wird? Sein Körper wird zu Moder. Wer wird sein Richter sein? Er wisse, daß sein Richter nicht ein Mensch aus Fleisch und Blut sein wird, sondern der Herr aller Geschöpfe. Rabbi Eliéser, Sohn des Jakob, sagte: Schön ist der Mensch und gepriesen, aber wie häßlich ist, was aus seinem Leibe kommt. Er gleicht einem großen Palaste, der aber vom Kanal einer Gerberei durchzogen wird. So ist der schöne, gepriesene Mensch, der sich in Hochmut über seine Mitmenschen erhebt, da doch aus seinem Leibe das Häßliche kommt; wie stolz und hochmütig würde er erst sein, wenn sein Leib Salbe, Balsam oder irgend welche Gewürze hervorbrächte!

In der Todesstunde des Rabbi Eleásar, des Sohnes Asárjas, kamen seine Schüler, setzten sich vor ihn hin und sprachen zu ihm: ›Gib uns, o Lehrer, noch eine Lehre.‹ Da sprach er zu ihnen: ›Meine Kinder, was soll ich euch lehren? Geht hin und achtet jeder auf die Ehre des anderen. Und wenn ihr hintretet zum Gebete, so seid wohl bedacht, vor wem ihr steht und betet‹ ...

Es geschah einmal, daß Rabbi Simon, Sohn Eleásars, vom Hause seines Lehrers in Migdal Éder (unweit Jerusalems) nach Hause zurückkehrte und auf seinem Esel am Ufer des Meeres ritt. Da begegnete der Rabbi einem Mann und grüßte ihn, jener aber erwiderte den Gruß nicht. Der Rabbi fühlte sich dadurch provoziert und sagte zu dem Mann, der überaus häßlich an Gestalt war: ›Du roher, ungeschliffener Mensch! Wie häßlich sind doch die Nachkommen unseres Vaters Abraham!‹ Darauf erwiderte ihm jener: ›Was kann ich denn dagegen tun? Geh doch und sage es dem Meister, der mich gebildet hat.‹ Da wurde der Rabbi sich bewußt, daß er sich in seinem Zorn zu einer taktlosen Bemerkung hatte hinreißen lassen und sich dadurch gegen diesen seinen Mitmenschen versündigt hatte. Er stieg sogleich vom Esel, warf sich vor dem Manne nieder und sprach zu ihm: ›Ich demütige mich vor dir, vergib mir.‹ Jener aber sprach: ›Ich will dir nicht vergeben, bis du zu dem Meister, der mich gebildet hat, gegangen bist und ihm gesagt hast: Wie häßlich ist doch dieses Gefäß, das du gemacht hast.‹ So ging Rabbi Simon eine halbe Meile hinter ihm her, bis sie zum Wohnort des Rabbi Simon gelangten. Die Einwohner des Ortes, die bereits von seiner bevorstehenden Ankunft gehört hatten, gingen ihm entgegen und begrüßten ihn mit den Worten: Friede sei mit dir, Rabbi! Da sprach jener Mann zu ihnen: ›Wen nennt ihr Rabbi?‹ Und jene antworteten: ›Denjenigen, der hinter dir einhergeht.‹ Da sprach er zu ihnen: ›Wenn dieser ein Rabbi ist, dann mehre sich seinesgleichen nicht in Israel.‹ Jene aber riefen: ›Gott verhüte, daß ein solcher Wunsch in Erfüllung gehe. Was hat er dir denn getan?‹ Da erzählte er ihnen die ganze Begebenheit. Die Bewohner der Ortschaft drangen nun in den Mann, daß er dem Rabbi vergebe, und er tat es auch, indem er sagte: ›Ich vergebe ihm, er gewöhne sich aber ab, fürderhin so zu handeln.‹

An demselben Tag aber saß Rabbi Simon im Lehrhaus und lehrte, offenbar im Hinblick auf seine Demütigung durch den häßlichen Mann: ›Stets sei der Mensch weich wie das Rohr, und nicht hart wie die Zeder. Das Rohr, so oft Winde aus allen vier Himmelsrichtungen einherstürmen, bewegt sich mit ihnen hin und her, schweigen aber die Winde, steht es wieder still an seiner Stelle. Und was ist das Ende jenes Rohres? Daß es gewürdigt wird, daß man aus ihm Federn schneidet, um Thorarollen und heilige Bücher zu schreiben. Anders die Zeder. Alle Winde der Welt stürmen gegen sie heran, doch sie rücken sie nicht von der Stelle. Stürmt aber der Südwind gegen sie heran, so entwurzelt er sie und wirft sie zu Boden. Und was ist das Ende jener Zeder? Zimmerleute kommen, behauen sie, bedecken mit ihr die Häuser, und den Rest legen sie auf's Feuer. Daher sei der Mensch weich und nachgiebig wie das Rohr, und nicht hart und unnachgiebig wie die Zeder.‹«

IV. Ethische Streiflichter

1. Die jüdische Einstellung zur Askese

Die Einstellung der jüdischen Religion zur Askese, obwohl nach Ort und Zeit variierend, kann im allgemeinen dahingehend beschrieben werden, daß Selbstpeinigung als Lebensideal zwar abgelehnt wird, daß aber dennoch, unter gewissen Umständen, asketische Übungen wie Fasten u. dgl. empfohlen werden.

Typisch für diese ambivalente Einstellung ist ein Bericht aus dem dritten vorchristlichen Jahrhundert, als der Tempel in Jerusalem noch existierte. Hoherpriester war damals Simon, »der Gerechte«. Zur Zeit des Tempels galten noch alle biblischen Vorschriften für die sogenannten Nasiräer, die für eine bestimmte Zeit das Gelübde der Enthaltsamkeit abgelegt hatten. Während dieser Zeit durfte der Nasiräer keinen Wein trinken und sich nicht die Haare schneiden. Jedesmal, wenn er eine dieser Vorschriften verletzte, mußte er im Tempel ein Tier als Sühneopfer bringen und die Enthaltsamkeit von neuem beginnen. Am Ende seiner Nasiräerzeit mußte er sich, als letzten Akt der Kasteiung, seine Haare ganz abscheren und einige Opfer nach Vorschrift darbringen. Erst dann durfte er wieder Wein trinken und sich die Haare nach Belieben schneiden. (4. Buch Moses, Kap. 6)

Der fromme Hohepriester Simon nun wünschte nicht, daß man sich der Welt entziehe. Er liebte daher auch die Askese nicht und wollte daher nie von den Opfern der Nasiräer, die den Priestern gebührten, genießen. »Nur ein einziges Mal«, so erzählt er selbst (Nedarim 9b), »bin ich von meiner Gewohnheit abgegangen und habe mich, zum Zeichen meines Einverständnisses, am Opfermahl beteiligt. Einst kam ein schöner Jüngling mit prächtigen Augen, hübscher Gestalt und dichtem

Lockenhaar zu mir und gab sich als Nasiräer zu erkennen. ›Warum willst du deinen Haarschmuck durch Abrasieren zerstören?‹ fragte ich ihn. Er erwiderte: ›Ich war Hirte bei meinem Vater. Einst ging ich zur Quelle, um Wasser zu schöpfen, da erblickte ich meine Gestalt im Wasserspiegel, und die bösen Begierden drohten sich meiner zu bemächtigen. Ich suchte ihrer Herr zu werden, indem ich zu mir selbst sprach: Verworfener! Warum bist du stolz auf deinen Körper, der ja einst zu Staub wird? Da beschloß ich, diese Schönheit zu entfernen, diese Haare zu Ehren des Himmels abzuschneiden.‹ So sprach der Jüngling zu mir. Da erhob ich mich, küßte ihn auf die Stirn und rief aus: Mein Sohn! Solche Nasiräer wie du möge es viele geben in Israel!«

Diese Erzählung ist charakteristisch für die ambivalente, an sich eher negative, unter gewissen Umständen aber positive Einstellung der Rabbinen zur Askese. Anderthalb Jahrtausende nach Simon, dem Gerechten, vertritt Maimonides (gestorben 1205) in seinem berühmten Kodex der jüdischen Religionsgesetze die gleiche Meinung. Im dritten Kapitel seiner Sittenlehre (Hilchot Deot) schreibt er: »Der Mensch könnte versucht sein, zu argumentieren: Da ja Neid, Ehrsucht und allerlei Gelüste den Menschen auf Abwege führen, will ich mich gleich ganz aller weltlichen Genüsse enthalten, kein Fleisch essen, keinen Wein trinken, nicht heiraten, nicht schön wohnen, keine schönen Kleider anziehen, sondern Kleider aus rauher Wolle, überhaupt ein mönchisches Leben führen wie die Geistlichen mancher Religionen – wer so argumentiert und glaubt, ein Extrem dadurch vermeiden zu können, daß er ins andere Extrem fällt, der ist auf dem Holzweg. Sahen ja die alten Weisen nicht einmal gerne, daß man sich das Leben mit Nasiräer-Gelübden erschwere, obwohl dies ja nur die Enthaltung von Wein und Haarschneiden bedeutete; um wieviel weniger gern sahen sie, daß sich jemand aller irdischen Genüsse enthält. Ausdrücklich ermahnen uns die Weisen im Talmud: Ist dir nicht genug, was die Bibel – die Tora – verboten hat, daß du auch noch auf Dinge verzichten willst, deren Genuß die Tora erlaubt hat!? Damit wollen unsere Weisen diejenigen tadeln, die über die vorgeschriebenen Fasttage hinaus fortwährend freiwillig fasten und dergleichen. Auf solche Menschen«, schließt Maimonides, »paßt der Kohelet-Vers (7,16): ›Sei nicht überfromm und übergescheit; warum willst du ein Sonderling sein?‹« Soweit Maimonides.

Es liegt in der Natur des Menschen, daß er in Zeiten privater oder nationaler Not zur Selbstkasteiung neigt. Die jüdische Tradition hat dem durch Einführung eines alljährlichen Fasttages am Jahrestag der Zerstörung Jerusalems Rechnung getragen. Unmittelbar nach der Zerstörung Jerusalems und des Tempels durch die Römer gab es Menschen, die über diesen Trauertag hinaus sich des Genusses von Fleisch und Wein gänzlich enthielten, zum Andenken an die Tieropfer und die Wein-Libationen im Tempel. Rabbi Josúa ben Chanánja führte jedoch die Denkweise dieser Menschen ad absurdum, indem er ihnen sagte: »Dann dürft ihr auch keine Früchte essen, da die Erstlinge der Früchte im Tempel dargebracht wurden; und ihr dürft kein Wasser trinken, da ja am Laubhüttenfest Wasser auf dem Altar ausgegossen wurde, um dem Wunsch nach Regen symbolisch Ausdruck zu verleihen. Auch dürftet ihr kein Brot essen, weil es im Tempel ja auch Mehlopfer gab ...« (Tosefta Sota 15)

Neben der Trauer ist die Buße ein Motiv für Kasteiung. Die Bibel selbst kennt den Jom Kippur, den Buß- und Bet-Tag mit 24stündigem Fasten. Die biblischen Propheten und Rabbinen warnen aber vor einer Überbetonung auch dieser Art der Kasteiung. »Zu Streit und Hader fastet ihr«, ruft Jesaja spöttisch den damaligen Buß-Fastern zu (Jes. 58,4), und wollte damit sagen, daß es auf die Besserung ankommt, nicht auf das Fasten.

Wir wollen nun noch in loser Folge Aussagen aus der Traditionsliteratur über die verschiedenen Aspekte der Askese zusammenstellen.

Wir finden solche Aussagen natürlich in erster Linie im Talmud, dem Hauptwerk der jüdischen Traditionsliteratur. Dort lesen wir z.B. folgendes, für die rabbinische Denkweise charakteristisches geflügeltes Wort, das den Wert von allzuviel

Askese in Frage stellt: »Der göttliche Geist ruht auf dem Menschen weder im Zustand des Trübsinns noch im Zustand der Trägheit, sondern allein in der Freudigkeit der Pflichterfüllung.« (Sabbat 30b)

Der Talmud wäre nicht der Talmud, wenn er diese Behauptung nicht auch mit Geschichten belegen würde, z.B. der folgenden: »Rabbi Baróka«, so sagt die Geschichte (Taanit 22a), »pflegte den Marktplatz seiner babylonischen Heimatstadt zu besuchen, wo ihm öfters der Prophet Elias (d.h. der Geist des Propheten in Menschengestalt) zu erscheinen pflegte. Als ihm der Prophet einst wieder erschien, fragte er ihn: ›Gibt es unter all diesen Menschen hier auf dem Marktplatz jemanden, dessen Handlungen ihm Belohnung im Jenseits sichern?‹ Der Prophet antwortete zunächst: ›Nein‹. Dann aber erspähte er einen derb aussehenden Mann niederen Standes und sagte: ›Diesem ist Belohnung im Jenseits gesichert.‹ Rabbi Beróka ging auf den Mann zu und fragte ihn: ›Was ist deine Beschäftigung?‹ ›Ich bin ein Gefängniswärter‹, antwortete er, ›und bin darauf bedacht, Männer und Frauen getrennt zu halten, um sie vor Unzucht zu bewahren.‹ Während sie so miteinander sprachen, kamen zwei Männer vorbei, und der Prophet zeigte auch auf sie mit der Bemerkung: ›Auch diesen ist Belohnung in der zukünftigen Welt gesichert.‹ Rabbi Beróka fragte auch diese: ›Was ist eure Beschäftigung?‹ ›Wir sind Spaßmacher‹, antworteten sie, ›wo immer wir Menschen in trauriger Stimmung vorfinden, suchen wir sie zu erheitern.‹« – In dieser Erzählung wird also der gar nicht asketischen Heiterkeit ein hoher moralischer Stellenwert zuerkannt.

Das gleiche geschieht an einer anderen Stelle des gleichen Talmudtraktates (Taanit 11b). Dort wird zunächst ein antiasketischer Bibelvers zitiert (Sprüche Salomos 11,17): »Der Fromme behandelt seinen Körper gut; aber seinen Leib verdirbt der Grausame.« Im Anschluß daran bemerkt Rabbi Schéschet mit beißendem Spott: »Ein junger Gelehrter, der fastend dasitzt, dessen Mahlzeit möge ein Hund fressen.« Gemeint ist wohl: Wer freiwillig dauernd fastet, obwohl er genug zu essen hat, dessen Mahlzeit möge zur Strafe ein Hund fressen, so daß er auch dann nichts zu essen hat, wenn er essen will. Dasselbe, nur ohne Spott und mit theologischer Begründung, sagt an derselben Stelle ein Rabbi Jerémia: »Ein Gelehrtenschüler darf sich nicht mit Fasten peinigen, weil er dadurch die Beschäftigung mit himmlischen Dingen vermindern würde.« Gemeint ist: Er wird durch das Fasten körperlich geschwächt, wodurch seine Fähigkeit zum Studium leidet.

In diesem Zusammenhang verdient auch ein ausgesprochen diesseitsbejahender, ja diesseitsfreudiger talmudischer Spruch zitiert zu werden. Er lautet: »Am Tage des Gerichts wird der Mensch auch Rechenschaft ablegen müssen für alle guten Dinge, die er in dieser Welt hätte genießen können und nicht genossen hat.« (Jerus. Talmud Ende Kidduschin)

Es gab nun unter den Gesetzeslehrern der talmudischen Zeit auch Vertreter einer asketischen Richtung, und auch diese verstanden es, ihre Argumente recht eindrucksvoll vorzutragen, wie etwa aus den folgenden Berichten des Talmud ersichtlich ist (Berachot 30b/31a): »Ein Gesetzeslehrer trifft seinen Kollegen in freudiger Stimmung und sagt zu ihm vorwurfsvoll: ›Heißt es denn nicht in den Sprüchen Salomos (14, 23): Jede Trauer ist von Vorteil!?‹ Der Kollege rechtfertigt sich: ›Ich habe Gebetsriemen angelegt; meine Freude ist die Freude der Pflichterfüllung.‹« – »Ein Gesetzeslehrer veranstaltete ein Hochzeitsmahl für seinen Sohn. Als der Gastgeber sah, daß die Gäste immer lustiger wurden, brachte er ein wertvolles Glas aus weißem Kristall und zerbrach es. Da wurden die Gäste ernst.« – »Bei einem anderen Hochzeitsmahl war der dichterisch begabte Rabbi Hamnúna anwesend. Die fröhlichen Gäste forderten ihn auf: ›Sing uns ein Lied!‹ Dieser hub an: ›Weh uns, daß wir sterben müssen!‹ Darauf die Gäste: ›Was sollen wir antworten?‹ Darauf der Rabbi: ›Antwortet: Wo sind die guten Werke, die uns beschützen?‹ Er meinte: Die uns nach dem Tode vor dem himmlischen Gericht schützen. Da wurden die Gäste ernst.« – »Rabbi Jóchanan pflegte zu sagen: ›Es ist dem Menschen nicht gestattet, seinen Mund in dieser unerlösten Welt mit Lachen zu füllen.‹ Als sein Schüler Resch Lákisch diesen Ausspruch hörte, lebte auch er nach dieser Maxime.«

Diese asketischen Richtungen konnten sich, wie gesagt, nicht allgemein durchsetzen. Wenn der Talmud von einem Rabbi Zádok berichtet, der in Voraussicht der Zerstörung des Tempels vierzig Jahre lang vorher gefastet hat, so wird diese freiwillige Entbehrung im Talmud bewundert, aber nicht als Norm empfohlen. (Gittin Bl. 56)

Schließen wir mit einer Formulierung von M. Lazarus in seiner »Ethik des Judentums«[6]: »Grundanschauung sowohl der jüdischen Religion als auch der jüdischen Ethik ist: Übergewicht des Geistigen, aber ohne alle Verachtung des Körperlichen, vielmehr mit dem Bestreben, auch das Natürliche, Materielle zu läutern, vor Gefahren zu schützen und es durch seine Verbindung mit dem Geistigen zu erheben und zu weihen.« (...) »Die Welt- und Naturanschauung des Judentums ist eine ernste, aber zugleich eine durchaus heitere.«

2. Solidarität mit dem Nächsten

Der Talmud (Baba mezia 62b) diskutiert das Dilemma eines Menschen, der sich vor die Wahl gestellt sieht, entweder sein eigenes Leben zu retten und dabei den Gefährten dem Tod auszuliefern oder aber den Gefährten zu retten und dabei selbst umzukommen. Der Talmud exemplifiziert dies anhand des konstruierten Beispiels zweier Wüstenwanderer, die am Verdursten sind. Der eine hat überhaupt kein Wasser mehr, der andere nur noch einen geringen Vorrat. Dieser Vorrat reicht aber nur für eine Person. Wenn die beiden das Wasser unter sich teilten, würden beide verdursten, bevor sie die nächste Wasserquelle erreichten; wenn aber einer den ganzen Wasservorrat trinken würde, würde dieser eine am Leben bleiben, der andere aber verdursten. Wie hat sich nun der Besitzer des Rest-Vorrats zu verhalten?

Von den beiden diesen Fall diskutierenden Rabbis meinte zwar der eine Rabbi Akîba, daß der Besitzer des Rest-Vorrats keine Sünde begeht, wenn er sein eigenes Leben durch Trinken des Vorrats rettet, da einer ja ohnehin sterben muß. Der andere

Rabbi jedoch, Ben Petúra, entschied, daß die beiden Wüstenwanderer das Wasser unter sich aufteilen müssen, selbst wenn vorauszusehen ist, daß auf diese Weise beide verdursten werden.

Dies ist wahrlich eine extreme Lösung des Dilemmas, in dem sich der Besitzer des Wassers befindet: Aus Solidarität mit dem Nächsten soll er lieber mit diesem in den Tod gehen, als daß er sich selbst rettet und den Kameraden sterben sieht.

Während dieser Fall im Talmud nur als theoretische Möglichkeit abgehandelt wird, berichtet der Talmud an einer anderen Stelle (Pesachim 25b) von einem Fall, der sich tatsächlich zugetragen hat: »Einer kam zum Gesetzeslehrer Ráwa und sagte zu ihm: ›Der Befehlshaber meines Wohnortes stellt mich vor die Wahl, entweder den NN. zu töten oder selbst getötet zu werden. Wie habe ich mich zu verhalten?‹ Da antwortete Ráwa: ›Laß dich töten, nur töte du nicht! Denn woher ist erwiesen, daß dein Blut röter ist; vielleicht ist das Blut jenes Mannes röter!‹« Damit wollte Ráwa sagen: Du hast kein Recht, jemanden zu töten, um dich selbst zu retten; sein Leben ist nicht weniger wertvoll als dein eigenes. Auch hier also die Forderung, sich mit dem Mitmenschen zu solidarisieren.

Von Rabbi Josúa, Sohn des Lévi, berichtet der Talmud (Ketubot 77b), daß er sich nicht damit begnügte, die Armen und Kranken zu bedauern und zu bemitleiden, sondern sich inmitten von Menschen niederließ, die an einer gefährlichen und ansteckenden Hautkrankheit litten, ja daß er sich geradezu, wie es der Talmud formuliert, »an sie heftete« und sich unter ihnen mit dem Studium der Tora beschäftigte.

Wenn wir uns, rückwärts blickend, den biblischen Zeiten zuwenden, finden wir ein klassisches Beispiel für Solidarität im Verhalten des Propheten Jeremia. Er warnte sein Volk vor der sinnlosen Auflehnung gegen die Übermacht Babylons und sagte für diesen Fall den Untergang des Staates voraus. Als aber seine Vorhersage eintraf und ein großer Teil des Volkes in die babylonische Gefangenschaft geführt wurde, sagte er nicht schadenfroh: »Ich habe es ja gleich gesagt«. Obwohl ihm vom babylonischen König Nebukadnezar ein Ausnahme-Status zugesichert wird, für den Fall, daß er nach Babel mitkommt, unterliegt er nicht der Versuchung, dieses Angebot anzunehmen. Er solidarisiert sich mit den Armen seines Volkes, die Nebukadnezar im Lande zurückläßt, und bleibt bei ihnen in der verwüsteten Heimat. (Jer. 39,11–40,6) Die Legende konkretisiert diese Solidarität mit Schilderungen wie dieser: »Jeremia sah eine Gruppe von jungen Leuten in Halseisen gesteckt, da steckte er seinen Kopf mit hinein. Der Feldherr Nebusáradan kam und führte ihn fort von ihnen. Jeremia jedoch kam zurück und sah eine Gruppe von Alten gefesselt, da steckte er seinen Hals dazu.« (Echa rabba, Einl. Nr. 34)

Die Moral der Geschichte ist, daß eine führende Persönlichkeit nicht der Gefahr unterliegen darf, sich von der Gemeinschaft zu isolieren, sondern ihre Nöte als die eigenen betrachten soll. Wie jener Chassidim-Rabbi, der sagte: »Wer nicht fünfzig Meilen in der Runde die Schmerzen jeder Gebärenden verspürt, daß er mit ihr leide und für sie bete und ihr Linderung erwirke, verdient nicht, ein Rabbi genannt zu werden.«[7] Und von einem anderen Chassidim-Rabbi wird überliefert: »In den letzten drei Jahren seines Lebens litt Rabbi Jehúda Zwî an schwerem Siechtum. Von einem seiner Vertrauten nach der Ursache befragt, sagte er: ›In meinen jüngeren Jahren, wenn ein Kranker zu mir kam, habe ich mit Hingabe meiner Seele beten können, daß sein Leiden von ihm genommen werde. Später ist die Gebetsmacht mir erlahmt, da habe ich die Leiden der anderen nur noch auf mich nehmen können. Und jetzt trage ich sie eben.‹«[8]

3. Einstellung zur Heirat in der jüdischen Tradition

Ein talmudischer Ausspruch lautet (Sota 1b): »Vierzig Tage bevor das Kind im Mutterleib Gestalt annimmt, erschallt im Himmel eine Stimme, die erklärt: Die Tochter des Soundso ist dem Soundso zur Heirat bestimmt.« Dies erinnert an das deutsche Sprichwort: »Ehen werden im Himmel geschlossen.« Bereits in den Sprüchen Salomos heißt es (19, 14): »Haus und Gut ist Erbe der Väter, aber vom Ewigen kommt ein verständiges Weib.«

Diese Theorie der Vorbestimmtheit verteidigte im 2. Jahrhundert unserer Zeitrechnung Rabbi Jóse, Sohn des Chaláfta, in einem Streitgespräch mit einer hochgestellten römischen Matrone (Genesis rabba 68,4): »Die genannte hohe Römerin fragte den Rabbi Jóse, Sohn des Chaláfta: ›In wieviel Tagen hat Gott die Welt erschaffen?‹ Er erwiderte: ›In sechs Tagen schuf Gott die Welt, wie dies auch die Schrift berichtet.‹ Da fragte die Römerin weiter: ›Und was tut der Herr seitdem?‹ Der Weise erwiderte: ›Er stiftet Ehen; er fügt zusammen, die zueinander gehören; er bestimmt die Tochter des So-und-so für den So-und-so.‹ ›Und das ist seine Beschäftigung seit den Tagen der Weltschöpfung bis heute?‹, spottete die Römerin, – ›solches könnte auch ich vollbringen. Soviel Knechte und Mägde ich habe, ich will sie in einer Nacht vermählen. Womit der Schöpfer die ganze Zeit hindurch sich abmüht, das will ich in einer knappen Stunde vollbringen.‹ Der Rabbi sprach darauf: ›Den Menschen dünkt manches leicht, was dem Herrn schwer ist. Mann und Weib zusammenzuführen, das ist bald ebenso schwer wie der Durchzug der Kinder Israel durch das Rote Meer. (Hier gebrauchte der Rabbi eine sprichwörtliche Redensart für eine Schwierigkeit, die nur durch ein göttliches Wunder überwunden werden kann.)

Die Matrone nun hielt sich nicht an diese Weisung des Rabbi. Sie nahm ihre tausend Knechte und tausend Mägde, stellte sie in zwei Reihen auf und rief: ›Diese Magd gebe ich diesem Knecht zum Weibe, jener Knecht wird der Mann jener Magd!‹ So schuf sie in einer Nacht tausend vermählte Paare. Als sie aber am Morgen die Neuvermählten alle aufsuchte, da war ein Jammern und Wehklagen, Schreien und Toben; dem einen war ein Auge ausgeschlagen, der andere blutete aus einer Kopfwunde, dem dritten war der Arm ausgerenkt, dem vierten war der Fuß gebrochen. Ein jeder Mann sprach: ›Ich mag diese, die du mir gegeben hast, nicht zur Frau.‹ Und eine jede Frau sprach: ›Ich will diesen nicht zum Mann.‹

Da ließ die Römerin den Rabbi kommen und sagte: ›Ich muß bekennen, euer Gott ist wahr, seine Lehre ist wahr, und du hast in allem wahr gesprochen.‹ Der Rabbi antwortete: ›Ja, der Herr sitzt oben und führt die Menschen zusammen, ob sie es wollen oder nicht; er umschlingt mit einem Band den Hals des Mannes und zieht ihn von einem Ende der Welt zum anderen, daß er die Frau heimhole, die dort weilt und die für ihn bestimmt ist.‹«

Es wäre weit gefehlt, aus dieser Geschichte zu schließen, daß das traditionelle Judentum einer fatalistischen Einstellung das Wort redet und die Partnersuche nicht für wichtig hält. Diese und ähnliche Aussagen, die Gottes Allwissenheit betonen, wollen den Menschen nicht von der Pflicht entbinden, sich den Partner auszusuchen, der in geistiger und physischer Beziehung am besten zu ihm paßt, im Sinn der Forderung Schillers im Lied von der Glocke: »Drum prüfe, wer sich ewig bindet, ob sich das Herz zum Herzen findet!« Die Weisen des Talmuds haben auch dafür Verhaltensmaßregeln aufgestellt. Sie verlangen zunächst einmal ganz allgemein vom Mann, wie sie sich ausdrücken, »Vorsicht« bei der großen Entscheidung, geben aber dann auch spezifische Ratschläge wie diesen: »Steige (unter Umständen) eine Stufe hinab, wenn du heiratest«. Gemeint ist: Heirate nicht eine Frau, die gesellschaftlich über dir steht, so daß du dich ihr gegenüber als minderwertig fühlen würdest, sondern heirate lieber eine Frau, die gesellschaftlich unter dir steht, auch wenn du dann gesellschaftlich eine Stufe hinabsteigen mußt. (Jebamot 63a) Diese Empfehlung wie auch die Warnung vor einem zu großen Altersunterschied zwischen den Partnern (Sanhedrin 76b) verrät durchaus psychologisches Verständnis für die Voraussetzungen einer harmonischen Ehe.

Da voreheliches Zusammenleben streng verboten ist, sollen Mann und Frau möglichst früh heiraten. Wenn aber in den »Sprüchen der Väter« (Kap. 5) als ideales Heiratsalter des Mannes das 18. Lebensjahr angegeben wird, ist dies cum grano salis zu verstehen, da ja der Mann imstande sein muß, eine Familie zu ernähren, was im 18. Lebensjahr oft noch nicht der Fall ist.

Im Gesetzeskodex des Maimonides – verfaßt im 12. Jahrhundert – lesen wir (Deot V, 11): »Das Vernünftigste ist, daß der Mensch zuerst ein Handwerk erlernt, das ihn ernähren kann, sich dann ein Haus baut und dann heiratet; nicht wie die Toren, die erst einmal heiraten, dann, wenn es ihnen gelingt, ein Haus bauen und zuletzt, am Ende ihrer Tage, ein Handwerk zu erlernen beginnen oder der Fürsorge zur Last fallen.«

Das Fazit aus all dem ist, daß der Mensch sich durchaus selbst bemühen muß, den geeigneten Partner zu finden, er soll es jedoch im Bewußtsein der Tatsache tun, daß es des göttlichen Beistandes und der göttlichen Gnade bedarf, um dieses Ziel zu erreichen. In diesem Sinn will der Ausspruch verstanden werden, daß Gott »seit den Tagen der Weltschöpfung sich damit befaßt, Ehen zu stiften«.

4. Von der Arbeit

Die jüdischen religiösen Autoritäten beleuchteten von alters her alle Aspekte der Fragen von Mein und Dein. Als Beispiel seien hier ein paar Meinungen zu Problemen der menschlichen Arbeit herausgegriffen.

Zunächst zum Recht des Arbeiters auf pünktliche Auszahlung des Lohnes. In unserer Zeit gibt es Gesetze zum Schutze des Arbeiters gegen verspätete Lohnauszahlung. Der Ursprung dieser Gesetze liegt aber bereits in der *Bibel*. Dort lesen wir: »Du sollst nicht den Lohn vorenthalten einem Lohnarbeiter ... An dem selben Tag gib ihm seinen Lohn, und es soll nicht die Sonne darüber untergehen; denn ein Armer ist er und danach lechzt seine Seele; daß er nicht rufe über dich zum Ewigen und an dir eine Sünde sei.« (Deut. 24, 14–15) Die Weisen des Talmuds verstärken noch die emotionelle Komponente dieses Gebots, indem sie dem Arbeitgeber zu bedenken geben: »Warum hat jener die Leiter an den Olivenbaum gestellt, ist hinaufgestiegen und hat unter Lebensgefahr die Früchte gepflückt? Doch gewiß nur um des kargen Lohnes willen.« (Baba Mezia 112a)

Wie einem Taglöhner zumute ist, dem sein Lohn vorenthalten wird, wird in der talmudischen Literatur (Exodus rabba 31,7) anhand der folgenden Fabelerzählung illustriert: »Ein Bauer ging seines Weges, hinter ihm sein Esel. Unterwegs kaufte er eine Garbe und lud sie sich auf die Schulter, damit der Esel, in der Hoffnung die Garbe zu erreichen, ihm schneller folge. Zuhause angekommen, gab er die Garbe nicht etwa dem Esel zum Fressen, sondern band sie so hoch an, daß der Esel sie nicht erreichen konnte. Da sagte man zu ihm: Bösewicht! Die ganze Zeit lief der Esel nur wegen der erhofften Garbe, und du hast sie ihm dennoch vorenthalten! Ebenso wie diesem Esel ist einem Taglöhner zumute, der sich den ganzen Tag abgeplagt hat und abends, wenn er den Lohn einkassieren will, leer weggeschickt wird.«

In gewissen Fällen sprachen die Weisen des Talmuds dem Arbeiter sogar Rechte zu, die ihm nach dem Buchstaben des Gesetzes gar nicht unbedingt zustehen. Dies wird durch folgende Begebenheit illustriert (Baba mezia 23a): »Rábba, Sohn des Bar Chána, heuerte Lastträger an, ihm bei der Weinernte zu helfen. Bei dieser Tätigkeit zerbrachen sie versehentlich ein Weinfaß. Da hielt sich der Arbeitgeber für den Verlust schadlos, indem er ihre Kleider wegnahm. Die Arbeiter brachten den Fall vor ein Rabbinatsgericht. Der Richter entschied: Der Arbeitgeber hat die Kleider zurückzugeben. Da wollte der Arbeitgeber wissen: Entspricht dieser Bescheid dem Gesetz? Sehr wohl, antwortete der Richter, denn in der Bibel heißt es (Prov. 2,20): Du sollst auf dem Weg der Guten gehen.« Der Richter zitiert hier einen der zahlreichen Bibelverse, in denen ganz allgemein ethisches Verhalten in zwischenmenschlichen Beziehungen gefordert wird. Was unseren Fall anbelangt, so war es mit der Rückgabe der Kleider noch nicht zu Ende, denn der Arbeitgeber weigerte sich nun, den Lastträgern ihren Lohn auszuzahlen. Dadurch wollte er sich wenigstens indirekt für den Schaden schadlos halten, der durch das zerbrochene Faß entstanden war. Da beschwerten sich die Arbeiter wiederum beim Rabbinatsgericht mit den Worten: »Wir sind arm; den ganzen Tag haben wir geschuftet; wir sind hungrig und haben nichts zu essen.« Wiederum entschied der Richter: Der Arbeitgeber hat den vollen Lohn auszuzahlen. Wiederum fragte der Weinbesitzer, welchem Gesetz dieser Entscheid entspreche, und wiederum lautete die Antwort: Der Entscheid entspricht dem Sinn des

Bibelverses: »Halte dich an die Pfade der Gerechten.« (Prov. ebda.) Hier wird also deutlich postuliert, daß aus Gründen der Gerechtigkeit manchmal zugunsten der Arbeiter zu entscheiden ist, auch wenn der Arbeitgeber nach dem Buchstaben des Gesetzes scheinbar im Recht ist.

Die talmudischen Meister wären nun selbst nicht gerecht, wenn sie nicht auch umgekehrt die gerechten Ansprüche der Arbeitgeber gegenüber ihren Arbeitern herausstellen würden. Und sie tun dies in ganz konkreter Weise. Als kleines repräsentatives Beispiel diene eine talmudische Vorschrift, die wörtlich übersetzt lautet: »Die Arbeiter rezitieren auf dem Baum oder auf der Mauer.« Der Sinn ist: Die Arbeiter, die mit der Arbeit beschäftigt sind, sei es als Obstpflücker auf Bäumen, sei es als Maurer auf der Mauer, dürfen, wenn die Zeit des »Höre Israel«-Gebetes herangekommen ist, nicht etwa vom Baum oder von der Mauer herabsteigen, um das Gebet zu sprechen, da auf diese Weise dem Arbeitgeber zuviel Arbeitszeit verlorengehen würde; sie sollen zwar das Gebet sprechen, aber dort, wo sie sich gerade befinden, sei es auf dem Baum, sei es auf der Mauer. (Mischna Berachot, I, 4) Wenn es an einer Stelle in den 5 Büchern Moses heißt (Deut. 23,25): »Wenn du (als Arbeiter) in den Weinberg deines Nächsten kommst, so magst du Trauben essen nach deinem Begehr, bis du satt bist; aber in dein Gefäß tue nichts«, werden die Rechte des Arbeiters und des Arbeitgebers zugleich gewahrt.

Die Bedeutung, die die jüdische Tradition der Arbeitsmoral beimißt, spiegelt sich in einer Erzählung des israelischen Dichters Agnon, eingeflochten in seinen Roman »Brautsuche«.[9] Es ist eine surrealistische Erzählung von einem wandernden Wunderrabbi, der in einem Dorf als Gast in eine Wohnung kommt, in der er kraft seines sechsten Sinns eine Atmosphäre der Heiligkeit verspürt. »Hier muß ein Gerechter wohnen«, sagte er sich. Doch weder am Hausherrn noch an der Hausfrau, beides einfache Leute aus dem Volk, konnte er Kennzeichen besonderer Frömmigkeit feststellen. Da wurde dem Rabbi im Traum bedeutet, daß die Größe des Gastgebers in der Art und Weise liegt, wie er seinem schweren Beruf als Steinmetz nachgeht, nämlich mit vollständiger Hingabe, ohne rechts und links zu blicken, damit dem Arbeitgeber, der ihn ja für die Arbeit bezahlt, keine Sekunde verloren geht.

5. Über die rechte Verwendung von Reichtum

Der Gesetzeslehrer Húna lebte im 3. Jahrhundert unserer Zeitrechnung und war das rabbinische Oberhaupt der jüdischen Diaspora in Babylonien. Da er mit irdischen Gütern gesegnet war, spendete er viel für wohltätige Zwecke. Bemerkenswert ist dabei, wie er dafür sorgte, daß seine Spenden auch richtig verwendet wurden. Wenn, beispielsweise, ein Sturmwind durch die Stadt gefegt war, ließ er sich auf einer Sänfte durch die Stadt tragen, um festzustellen, wo etwa eine Mauer durch den Sturm schadhaft geworden war und einzufallen drohte, wodurch Menschen verletzt werden könnten. War der Besitzer der Mauer vermögend, ordnete der Rabbi an, daß der Besitzer die Mauer unverzüglich auf eigene Kosten zu reparieren habe. War aber der Besitzer arm, zahlte der Rabbi die Reparatur aus seiner eigenen Tasche.

Ferner berichtet der Talmud, daß zu jener Zeit die Bauern und Gärtner der umliegenden Dörfer jeden Freitag ihre Produkte in die Stadt brachten, um sie auf dem Markt den Städtern zu verkaufen, die sich für den Sabbat mit Obst und Gemüse eindecken wollten. Nun schickte Rabbi Húna jeden Freitag einen Boten auf den Markt, um mit dem Geld des Rabbi alle nicht verkauften Produkte aufzukaufen. Der Grund dafür war, daß die Bauern und Gärtner nicht die Lust verlieren sollten, das nächste Mal wieder zu kommen, wenn sie befürchten mußten, nicht genug verkaufen zu können. Durch das Aufkaufen der übrig gebliebenen Ware sicherte der Rabbi das Weiterbestehen des Marktes, der für die Bauern als Erwerbsquelle und für die Städter als Versorgungsquelle wichtig war. Durchdacht war auch, wie der Rabbi die aufgekauften Produkte verwendete. Naheliegend wäre es gewesen, sie an die Armen zu verschenken. Dies tat er deshalb nicht, weil die Armen sich auf ihn verlassen und überhaupt nichts gekauft hätten. Dann hätte es geschehen können, daß die Bauern an irgend einem Freitag alles verkauft hätten, wodurch nichts mehr zum Aufkaufen und also auch nichts mehr für die Armen übriggeblieben wäre. Die Armen hätten dann am Sabbat nichts zu essen gehabt. Auch als Viehfutter wollte der Rabbi das Aufgekaufte nicht verwenden, da er es als Sünde betrachtete, dem Vieh Speise vorzuwerfen, die Gott für die Menschen bestimmt hat. Der Talmud überliefert nicht, was schließlich mit dem Aufgekauften geschah. Nach einer vom Kommentator Ráschi wiedergegebenen Tradition ließ Húna das Aufgekaufte in einen Bach werfen und langsam abtreiben, und wer immer Früchte und Kräuter im Wasser treiben sah, konnte sie herausnehmen und für sich verwenden.

Dies alles spielte sich jeden Freitag ab. Jeden Tag aber, berichtet der Talmud anschließend, trat Rabbi Húna vor jeder Mahlzeit vor seine Haustüre und rief: »Wer mit mir essen will, der mag hereinkommen!« Als der berühmte Gesetzeslehrer Rawá davon hörte, soll er gesagt haben: »Ich könnte nicht riskieren, so zu rufen, da ich die Mittel nicht habe, all die Armen zu bewirten, die daraufhin kommen könnten.« (Taanit 20b)

Vor Rabbi Húna, im 2. Jahrhundert, wirkte in Palästina Rabbi Jehúda, genannt der Fürst, als religiöses Oberhaupt der palästinensischen Juden. Auch er war sehr begütert, und auch er war sehr spendenfreudig, und es fügte sich, daß er bei einer bestimmten Gelegenheit kritisiert wurde wegen der Art und Weise, in der er seine Spenden verteilte.

Er pflegte nämlich seinen Reichtum mit Vorliebe darauf zu verwenden, Jünger, die sich dem Studium widmeten, zu verpflegen und ihnen die Nahrungssorgen abzunehmen. Einmal wütete Hungersnot im Lande, da öffnete er seine Vorratskammern und verteilte an Bedürftige Getreide. Anfänglich bevorzugte er hungerleidende Gelehrte; sein Schüler Jonathan, Sohn des Amram, wies ihn indirekt zurecht, indem er zum Meister sagte: »Speise mich nicht in meiner Eigenschaft als Gelehrtenschüler, sondern speise mich wie einen hungrigen Hund und wie Raben, die keine Verdienste haben!« Daraufhin änderte

Rabbi Jehúda seine Ansicht und speiste das ganze Volk ohne Unterschied. (Baba batra 8 a)[10]

An einer anderen Stelle des Talmuds berichtet der Gesetzeslehrer Rabbi Chîja, auf welch originelle Weise ein reicher jüdischer Kaufmann seine Gäste bewirtete. Rabbi Chîja, der im 4. Jahrhundert in Babylonien lebte, pflegte weite Reisen zu unternehmen. »Einst«, so berichtet er, »war ich zu Gast bei einem reichen Mann in einer Stadt Kleinasiens. Zur Mahlzeit wurde ein Tisch, ganz in Gold, von sechzehn Dienern hereingetragen. Auf dem Tisch befand sich herrliches Geschirr, ganz in Gold gegossen und von feiner Arbeit. Die Schüsseln waren voll von aller Art köstlicher Speisen, wie sie seit den Schöpfungstagen in aller Herren Länder gewachsen sind. Zwei Knaben standen zu beiden Seiten des Tisches. Der eine rief (Ps. 24,8): ›Des Herrn ist die Welt und ihre Fülle!‹, der andere rief (Hagai 2,8): ›Mein ist das Silber und mein ist das Gold, spricht Gott, der Herr‹ (damit der Hausherr sich nicht überhebe und sich stets bewußt bleibe, daß aller Reichtum und alle Speisen von Gott stammen).« (Sabbat 119 a; Bereshit rabba 11,3)

Was natürlich in erster Linie von den Reichen erwartet wird, ist Fürsorge für die Armen. Dafür zum Abschluß noch ein Beispiel aus dem Talmud: Rabbi Chána, Sohn des Chanilái, der im 3. Jahrhundert in Babylonien lebte, beschäftigte in seinem Haus sechzig Bäcker am Tag und sechzig Bäcker in der Nacht, die für jeden buken, der Brot nötig hatte. – Der Hausherr nahm die Hand nicht aus dem Geldbeutel, denn er dachte, ein armer Mann vornehmer Herkunft, der unverhofft zu ihm käme, könnte von Scham erfaßt werden, wenn der Hausherr erst zum Beutel langen müßte. – Sein Haus hatte vier Tore nach allen vier Himmelsrichtungen; sie standen offen, und jeder, der hungrig eintrat, kam gesättigt heraus. – In den Jahren des Mangels ließ er Weizen und Gerste ins Freie schütten, damit jeder, der sich schämte, am hellen Tage davon zu nehmen, in der Nacht kommen und seinen Teil holen konnte. Von all dem erfahren wir im Talmud durch einen Bericht, daß zwei Gesetzeslehrer an diesem jetzt verfallenen Haus des Rabbi Chána vorbeigingen und der eine der beiden seufzte, weil das Haus in Ruinen lag; woraufhin er nostalgisch die guten Taten des früheren Hausherrn aufzählte. Auf diese Weise wird der Leser zugleich daran erinnert, daß Reichtümer nicht ewig währen. (Berachot 58b)

6. *Über die Kunst des Almosengebens*

In eindrücklicher Weise mahnt die Bibel (Deut. 15,11): »Auftun sollst du deine Hand deinem Bruder, deinem Armen und deinem Bedürftigen in deinem Lande.« Der große Gesetzeslehrer Maimonides (1135–1204) zählt in seinem Kodex religiöser Pflichten, im Kapitel »Armenabgaben« (Hilchot Matnat 'anijim 10, 1–14), acht Arten auf, den Armen materielle Hilfe zukommen zu lassen. Er beginnt mit der idealsten Art und fährt fort mit den immer weniger empfehlenswerten.

Ganz oben auf dieser achtsprossigen ethischen Stufenleiter des Gebens steht derjenige, der dem Armen nicht mit Almosen hilft, sondern – wenn er dazu imstande ist – mit einer größeren Geldsumme – sei es als Geschenk, sei es als Leihgabe –, die den Armen befähigt, ein Geschäft zu eröffnen, so daß er finanziell auf eigenen Füßen stehen kann und nicht mehr auf milde Gaben seiner Mitmenschen angewiesen ist. Der Spender kann sich an diesem Geschäft auch als Partner beteiligen. Dies habe die Schrift im Auge, wenn sie mahnt: »Und wenn bei dir dein Bruder verarmt und seine Hand wankt, so greife ihm unter die Arme, Fremdling wie Beisaß, daß er neben dir lebe«, d.h. greife ihm so unter die Arme, daß er »neben dir«, d.h. auf gleicher Ebene, ohne deine Unterstützung, leben kann. (Lev. 25,35)

Auf der zweithöchsten Stufe steht derjenige, der zwar nur Almosen gibt, aber auf vornehme Art und Weise, so nämlich, daß Gebender und Empfangender einander unbekannt sind. Maimonides erinnert uns in diesem Zusammenhang an einen schönen Brauch, der zur Zeit des Tempels existierte: Es gab im Tempel neben vielen anderen Kammern auch die »Kammer der Verschwiegenen« (Mischna Schekalim, Abschn. 5, Mischna 6), so genannt, weil dort fromme Menschen ihre

Geldspenden im Geheimen deponierten und verschämte Arme von dort auf diskrete Weise versorgt wurden. So kennt weder der Geber den Nehmer noch umgekehrt. Mit Recht vergleicht Maimonides diesen Brauch mit dem heute noch in Synagogen (ebenso wie in Kirchen) üblichen Aufstellen von Sammelbüchsen (»Opferstock«), deren Inhalt ja auch Armen zugute kommt, ohne daß Spender und Empfänger einander kennen. Maimonides betont, wie wichtig es ist, daß das Ehrenamt des Almosen-Verteilens nur kompetenten und gerecht denkenden Persönlichkeiten anvertraut wird.

Auf der nächstfolgenden, dritten Stufe steht derjenige, der weiß, wem er gibt, ohne daß jedoch der Empfänger weiß, von wem er die Almosen erhält. Auch für diese Art des Gebens finden sich Beispiele in Berichten des Talmud über Rabbinen, die insgeheim, wenn niemand sie beobachtete, Münzen unter die Wohnungstüre armer Leute schoben und schnell wegliefen, um nicht erkannt zu werden. Maimonides, der auf die Methode dieser im Talmud erwähnten Rabbinen hinweist, steht nicht an, diese direkte Methode des Gebens dann vorzuziehen, wenn der Geber die Verteiler des Inhalts der Sammelbüchse nicht für kompetent genug hält.

Auf jeden Fall erkennen wir aus den bisher erwähnten Abstufungen leicht das Prinzip, das Maimonides bei der Aufstellung der Rangfolge leitete: Je mehr Diskretion, umso lobenswerter, denn: Wenn der Empfänger bekannt ist, könnte das Schamgefühl des Empfängers verletzt werden, und wenn der Geber bekannt ist, könnte der Geber in Versuchung kommen, sich seiner guten Tat zu brüsten, was den moralischen Wert der guten Tat vermindert.

Die vierthöchste – immer noch sehr hohe – Stufe sieht Maimonides dann gegeben, wenn der Spender zwar den Empfänger nicht kennt, aber nicht verhindern kann, daß seine Identität bekannt wird. Als Beispiel nennt Maimonides wiederum berühmte Rabbinen des Altertums, von denen der Talmud berichtet (Ketubot 67b), daß sie, auf der Straße gehend, Bündel mit Münzen in Leinen eingewickelt hinter sich zu werfen pflegten, ohne hinter sich zu blicken; die Armen, die die Münzen auflasen, schämten sich daher weniger, als wenn sie die Münzen direkt aus der Hand der Geber empfangen hätten.

Auf der fünften Stufe steht derjenige, der den Armen Geld in die Hand gibt und nicht wartet, bis der Arme darum bettelt.

Die letzten, untersten Sprossen der Leiter bedeuten bereits mehr oder weniger tadelnswertes Verhalten beim Almosenspenden: Auf der sechsten Stufe steht derjenige, der erst gibt, wenn der Arme darum bittet. – Auf der siebten Stufe: wer weniger gibt, als er sollte, immerhin aber mit freundlicher Miene. – Auf der achten und untersten Stufe: derjenige, der widerwillig und mürrisch mit den Almosen herausrückt.

Natürlich hat Maimonides nicht übersehen, daß es Menschen gibt, die überhaupt keine Almosen spenden; er wollte aber in seine ethische Stufenleiter kein ausgesprochen sündhaftes Verhalten aufnehmen.

Zum Abschluß seien, in Ergänzung der soeben zitierten Talmudstellen über Almosengeben, einige weitere solche Geschichten aus dem Talmud wiedergegeben: »Rabbi Jona sagte: Wohl dem, der genau bedenkt, wie dem Armen Wohltaten zu erweisen seien, ohne ihn zu beschämen. Wie pflegte Rabbi Jona zu handeln? Wenn er einen Mann vornehmer Herkunft sah, der sein Vermögen verloren hatte, so sprach er zu ihm: Mein Sohn, ich habe gehört, daß dir anderswo eine Erbschaft zugefallen ist; also nimm einstweilen, was ich dir gebe, und hernach zahlst du es mir wieder zurück. – Sobald aber der Mann die Gabe entgegengenommen hatte, sprach der Rabbi zu ihm: Das war ein Geschenk von mir an dich.« (Jerusch. Peah, 8, 21 b)[11] – Einen ähnlichen »Trick« wandte in der folgenden Erzählung ein Rabbi gegenüber seinem armen Schüler an: »Der Schüler Simeon ging hinter dem Meister Eleásar her. Da entfiel dem Meister wie zufällig ein Denar. Der Schüler hob ihn auf und wollte den Fund zurückreichen. Aber der Meister sprach: Ich hatte die Münze bereits verloren gegeben; sie ist rechtlich nicht mehr mein Eigentum und gehört dem Finder.« (Jerusch. Baba mezia 2, 8 c)[12] – »Als Mar Ukba im Sterben lag, befahl er, man möge ihm die Rechnungsbücher bringen, in die die Spenden eingetragen waren, die er im Laufe seines Lebens ausgeteilt hatte. Es erwies sich, daß es insgesamt siebentausend Denare waren. Da rief er aus: ›So wenig Gepäck (bildlich für gute Werke) für eine so große Reise‹« (ins Jenseits, in dem diejenigen einen schweren Stand haben, die im Diesseits wenig Wohltaten ausgeübt hatten. 7000 Denare waren eine große Summe, der Rabbi aber glaubte, der Pflicht der Wohltätigkeit damit nicht Genüge geleistet zu haben).[13] Dieser Bericht (Ketubot 67b) soll ermahnen, nicht mit Almosen und sonstigen guten Werken zu sparen.

V. Erbauliches aus dem 18. Jahrhundert

1. Chassidische Geschichten von einfachen Menschen

Der Chassidismus ist eine im 18. Jahrhundert in Osteuropa entstandene und bis zum Holocaust hauptsächlich dort verbreitete jüdische religiöse Bewegung. Er pflegt eine fröhliche Frömmigkeit bei Gesang und Tanz, während die Nicht-Chassidim sich in erster Linie dem Studium der Heiligen Schriften widmen. Unter den westeuropäischen Juden konnte sich die chassidische Bewegung kaum durchsetzen. Die geräuschvolle Art der chassidischen Geselligkeit sowie ihr lautes Beten und Gestikulieren beim Beten sagte der Mentalität der westeuropäischen Juden nicht zu, während umgekehrt die Chassidim das religiöse Gebaren der westeuropäischen Juden, insbesondere ihren Gottesdienst, als zu kalt und steif empfanden.

Diese Bewegung brachte eine Menge von Geschichten und Erzählungen hervor,[14] von denen wir hier einige wiedergeben wollen. Ihr Gemeinsames ist die hohe Wertschätzung des einfachen Menschen aus dem Volk, wie sie für diese Bewegung charakteristisch ist. »Der Chassidismus fordert einfachen Glauben und ethischen Wandel, verbunden mit der Aufhebung des religiösen Wertunterschiedes zwischen rabbinischen Funktionären, Gelehrten und dem einfachen Volk: Der Fromme (Chassid) jeden Standes kann kraft aufrichtiger Gläubigkeit die Stufe eines Gerechten (Zaddik) erreichen.«[15]

Zunächst die Geschichte vom Gelehrten und dem Handwerker. Einst lebten im gleichen Wohnviertel ein Talmudgelehrter und ein armer Handwerker. Der Talmudgelehrte pflegte früh aufzustehen um sich ins Lehrhaus zu begeben, wo er sich dem Studium der Heiligen Schriften hingab. Dann verrichtete er das Morgengebet mit Inbrunst, begab sich kurz nach Hause zur Einnahme eines frugalen Frühstücks und kehrte dann ins Lehrhaus zurück, wo er sein Studium bis zum Abend, ja bis in die Nacht hinein fortsetzte, mit kurzen Unterbrechungen für Gebet und Mahlzeit. Von Zeit zu Zeit handelte er auch mit Waren, wodurch er sich über Wasser halten konnte. Auch der Handwerker begab sich frühmorgens ins Lehrhaus, er hatte aber keine Zeit, dort zu studieren, sondern verrichtete nur hastig das Morgengebet und eilte nach Hause, weil er schon am frühen Morgen seiner handwerklichen Tätigkeit nachgehen mußte. Diese nahm ihn den ganzen Tag über in Anspruch und ermüdete ihn so sehr, daß er an Werktagen keine Zeit fand, den Talmud oder sonst ein religiöses Buch in die Hand zu nehmen, und wenn er dies am Sabbat nachholen wollte, war er so müde von der ganzen Woche, daß ihm das Buch aus der Hand fiel und er einschlief. Von Zeit zu Zeit trafen sich die beiden Nachbarn. Bei diesen Gelegenheiten pflegte der Gelehrte mit leicht verächtlicher Miene auf den Handwerker zu blicken, der vor lauter schwerer Arbeit nicht dazu kam, sich mit Herz und Seele dem Studium und dem Gottesdienst hinzugeben. Bei solchen Begegnungen bekam der Handwerker jedes Mal ein schlechtes Gewissen, und ein Seufzer entrang sich seiner Brust, und er sinnierte: »Er eilt, und ich eile; er eilt zur Beschäftigung mit heiligen Dingen, und ich – ich eile zur Beschäftigung mit irdischen Dingen.« Das Schicksal wollte es, daß beide zur gleichen Zeit das Zeitliche segneten und vor dem himmlischen Gericht erschienen. Der eine konnte Tora-Studium und Gebet zu seinen Gunsten vorbringen, während der andere, der Handwerker, erschrocken schwieg. Nun gibt es beim himmlischen Gerichtshof wie beim irdischen Verteidiger und Ankläger. Der Anwalt des Gelehrten nahm nun ein ganzes Bündel von Talmudfolianten, die der Gelehrte zu Lebzeiten durchstudiert hatte, und legte das Bündel als Beweismaterial auf den Gerichtstisch. Da sagte der Ankläger: »Wohl hat er eifrig studiert, sein Gelehrtenstolz hat ihn aber verleitet, dem Handwerker mit verächtlicher Miene zu begegnen.« Man brachte nun eine Waage und legte das fromme Studium des Gelehrten in die Waagschale der Verdienste und seine Überheblichkeit in die Waagschale der negativen Eigenschaften, und siehe – sein Soll wog schwerer als sein Haben.

Sodann legte man die religiöse Betätigung des Handwerkers in die Waagschale der Verdienste, wodurch sie, wie vorauszusehen, nur wenig sank. Man fügte nun aber den Seufzer hinzu, der sich seiner Brust entrang, als er sah, daß sein Nachbar sich Zeit für das Studium nehmen konnte und er nicht. Aus diesem Seufzer sprach eine so tiefe Sehnsucht nach dem Studium der heiligen Tora, daß dieser Seufzer die Waagschale seiner Verdienste tief sinken ließ und ihm einen Platz im Paradies sicherte.

Von den Verdiensten einfacher Leute aus dem Volk handelt auch die folgende Legende – die Geschichte vom Schafhirten, der nicht beten konnte. Einmal wurde dem Rabbi Israel Báal-Schém, dem Begründer des Chassidismus, im Traum bedeutet, daß ein Schafhirte an einem bestimmten Ort Gott mit größerer Andacht diene als er, der Báal-Schém. Da verlangte es ihn, diesen Schafhirten kennenzulernen. Er fuhr hin und sah einen Hirten, der mit Trompeten-Blasen die Schafe um sich sammelte und zur Tränke führte. Während die Schafe tranken, rief er laut: »Herr der Welt! Du hast Himmel und Erde erschaffen und diese Wiese und diese Schafherde; auch den Mann, dem diese Schafe gehören und mich und alle Menschen. Ich bin ungebildet und weiß nicht, wie ich dich preisen kann. Ich bin ein Waisenkind und habe nicht beten gelernt, ich habe aber eine Trompete in der Hand, auf ihr blase ich mit voller Kraft – für dich«, und er blies so stark, daß er kraftlos zu Boden sank. Als er sich erholt hatte, sagte er: »Siehe, gestern veranstaltete der Besitzer der Schafherden ein Gastmahl, an dessen Ende er jedem seiner Hirten eine Münze gab, auch mir. Diese Münze gebe ich dir nun als Geschenk, großer Gott.« Mit diesen Worten warf er die Münze nach oben, und der Báal-Schém soll gesehen haben, daß eine Hand vom Himmel erschien und die Münze zu sich nahm. Da sagte der Báal-Schém zu den Schülern, die ihn begleitet hatten: »Dieser Schafhirt hat das Gebot erfüllt (Deut. 6,5): Du sollst lieben den Ewigen, deinen Gott, mit deinem ganzen Herzen, mit deiner ganzen Seele und mit deinem ganzen Vermögen.«

Nun noch die Geschichte von Israel Báal-Schém und dem Wasserträger: Chaikel der Wasserträger ging eines Tages am

Hause des Báal-Schém vorbei mit zwei bis zum Rand gefüllten Eimern auf dem Rücken. »Wie geht es dir, Chaikel«, erkundigte sich der Rabbi. »Schlecht«, war die Antwort, »man wird nicht jünger, und je älter man wird, umso mehr drückt die Last der Eimer.« Am nächsten Tag sah der Rabbi den Wasserträger wieder an seinem Haus vorbeigehen und fragte ihn abermals nach seinem Wohlergehen. »Gut«, antwortete er diesmal, »in meiner Jugend drückte mich die Last der Eimer, aber je älter man wird, desto mehr gewöhnt man sich daran, und jetzt scheinen mir die zwei Eimer so leicht zu sein wie zwei Vögel.« Da sagte der Báal-Schém zu seinen Schülern: »Von diesem Wasserträger können wir lernen, mit unserem Schicksal fertig zu werden: derselbe Wasserträger, dieselben zwei Wassereimer, derselbe Weg vom Brunnen in die Häuser, aber von einem Tag auf den anderen ein Aufschwung von Mißmut zu frohem Mut. Darin können wir alle von dem Wasserträger lernen.«[16]

2. *Gleichnisse des ›Predigers von Dubno‹*

Einer der populärsten jüdischen Prediger der neueren Zeit war ohne Zweifel Jakob Kranz, geboren 1741, gestorben 1804. Er wirkte, abgesehen von seiner Tätigkeit als Wanderprediger, hauptsächlich in der ukrainischen Stadt Dubno, weshalb er »Der Prediger von Dubno« genannt wurde. Er war ein großer Gelehrter, bewandert in der ganzen jüdischen Literatur, aber berühmt vor allem durch seine Gleichnisse, deren Bedeutung Benno Heinemann ausführlich dargelegt hat.[17] Er schreibt unter anderem: »Seine ins Schwarze treffenden Gleichnisse machen die schwierigsten Probleme klar und deutlich. Diese Gleichnisse beziehen sich auf die Gegebenheiten des täglichen Lebens der damaligen Zeit, auf die Lebensverhältnisse, mit denen seine Zuhörer täglich konfrontiert waren.«[18] Seine Gleichnisse dienten, auch wenn sie humorvoll waren und das Publikum erheiterten, dem ernsten Zweck der religiösen Erbauung und Belehrung. Oft enthielt ein Gleichnis bzw. dessen Auflösung Kritik am Verhalten seiner Glaubensgenossen, einzelner oder ganzer

Gruppen. Solche Kritik war natürlich nicht Selbstzweck, sondern Kritik zum Zweck der Besserung.

So wurde ihm einst berichtet, daß in einer bestimmten Synagogengemeinde manche Mitglieder das ganze Jahr hindurch kaum den Gottesdienst besuchten, und nur an den sogenannten Hohen Feiertagen, den beiden Neujahrstagen und dem Versöhnungstag – den Tagen also, an denen Gott um Vergebung der Sünden angefleht wird –, da erschienen sie und beteten womöglich noch inbrünstiger und andachtsvoller als die regelmäßigen Besucher des Gottesdienstes. Als dem Dubner Prediger dies zu Ohren kam, schwieg er zunächst. Am folgenden Neujahrsfest jedoch bestieg er die Kanzel dieser Synagoge und begann mit einem Gleichnis folgendermaßen: »Ein wohlhabender und für seine Ehrlichkeit und Anständigkeit bekannter Kaufmann verlor infolge eines Brandes in seinem Warenlager sein ganzes Vermögen. Infolgedessen konnte er einen Gläubiger, der ihm gerade zu dieser Zeit eine hohe Rechnung schickte, nicht bezahlen, was ihn sehr bedrückte. Aber was konnte er machen? Auf Anraten von guten Freunden begab er sich zum Gläubiger und setzte ihm offen die ganze Lage auseinander und verhehlte nicht, daß die Schuld von 1000 Rubel schwer auf seinem Gewissen laste. Der Gläubiger, ein reicher Fabrikant, tröstete ihn und sagte: ›Wir haben nun so viele Jahre miteinander gehandelt; lassen wir deshalb Vergangenes vergangen sein. Ich erlasse dir diese Schuld, damit dir der Neubeginn nicht schwer fällt und wir bald wieder wie früher miteinander handeln können.‹ Über einem Glas Wein wurde die Abmachung bestätigt und der Kaufmann ging erleichtert heim. – Nun kam diese Begebenheit einem anderen Kaufmann zu Ohren. Dieser dachte: ›Was dem einen recht ist, ist dem anderen billig.‹ So begab auch er sich zum Fabrikanten, in der naiven Meinung, gleich großzügig behandelt zu werden wie der andere Kaufmann. Er jammerte den Fabrikanten an, wie schlecht es ihm ginge und wie dringend er eine Anleihe von einigen tausend Rubel benötige. Der Fabrikant aber lachte ihn nur aus. Da sagte der Bittsteller: ›Bin ich denn weniger wert als jener, der so großzügig von Ihnen bedacht wurde?‹ Da erteilte der Fabrikant ihm eine Lektion: ›Wie können Sie sich mit jenem vergleichen! Jenen kenne ich seit vielen Jahren, während denen ich mich von seiner absoluten Integrität und Zuverlässigkeit überzeugen konnte. Nachdem er nun unschuldig in Not geraten ist, ist es nur fair, daß ich ihm aushelfe. Sie aber habe ich niemals vorher gesehen; welches Recht haben Sie, in mein Büro zu kommen, mich anzujammern und zu erwarten, daß ich Ihnen dafür Geld gebe!?‹« »Dies«, sagte der Prediger, »ist auch der Unterschied zwischen demjenigen, der das ganze Jahr fromm ist, und demjenigen, der nur einmal im Jahr, an den Hohen Feiertagen, seine angebliche Frömmigkeit durch lautes Beten auffällig zur Schau stellt. Der wirklich fromme Jude ist darauf bedacht, das ganze Jahr hindurch Gottes Gebote zu erfüllen. Er geht jeden Tag in die Synagoge und nicht nur an den Hohen Feiertagen. Seine freie Zeit nützt er für das Studium der religiösen Schriften und zur Ausübung guter Werke. Wenn er nun, aus Versehen und ohne es zu beabsichtigen, in religiöser oder menschlicher Beziehung in eine Schuld verstrickt wird und diese Schuld aufrichtig bereut, wird sie ihm an den Hohen Feiertagen, den Tagen der großen Sündenabrechnung, gewiß von Gott verziehen, angesichts der Tatsache, daß Gott ihn ja kennt als einen, der das ganze Jahr gottgefällig gelebt hat und dadurch sozusagen Kredit angesammelt hat, und als einen, dem man vertrauen kann, daß er sich auch in Zukunft Mühe geben wird, Schuld zu vermeiden. Ganz anders steht es mit dem ›Hohen-Feiertags-Juden‹, der törichterweise annimmt, er könne ruhig das ganze Jahr hindurch seine Pflichten gegen Gott und die Menschen vernachlässigen und auch in der Synagoge das ganze Jahr hindurch durch Abwesenheit glänzen, in der Erwartung, daß er dieses Fehlverhalten an den Hohen Feiertagen durch besonders andächtiges Beten sozusagen aus dem himmlischen Register streichen lassen kann, daß ihm, mit anderen Worten, alle Schulden des vergangenen Jahres ohne weiteres vom Himmel erlassen werden. Zu diesem spricht Gott sozusagen: ›Wer bist du, daß du dies verlangst? Ich kenne dich ja gar nicht! Ich habe dich weder in der Synagoge beim Gottesdienst noch bei der Ausübung guter Werke an die Mitmenschen gesehen. Beweise erst einmal, daß es dir das ganze Jahr über ernst ist mit der Frömmigkeit, dann wirst du Kredit im Himmel haben und kannst auf milde Beurteilung deiner Verfehlungen rechnen!«[19]

Soweit die Predigt des Dubner Predigers in einer Synagoge am Neujahrsfest. Freilich ist nicht überliefert, wieviele der anwesenden ›Hohe-Feiertags-Juden‹ sich die Moral des Gleichnisses zu Herzen genommen haben und sich von nun an in regelmäßige Synagogenbesucher verwandelten.

Mit diesem Gleichnis thematisch verwandt ist das folgende: »Einst lebte ein König, der eine Tochter voll Weisheit hatte. Es kamen die verschiedensten Freier, aber sie lehnte alle ab. Vom einen sagte sie, er sei ein Schlemmer, vom anderen, er sei ein Trinker u. s. w. Da schwor sich der König, sie an den Bewerber, der als nächster auftauchen würde, zu verheiraten. Es fügte sich, daß dieser ein armer Mann war, aber der König gab ihm dennoch seine Tochter zur Frau. Das junge Paar wurde in ein Dorf verschlagen, wo die Königstochter schwere Arbeit verrichten mußte. In ihrer Bedrängnis schrieb sie Briefe an ihren königlichen Vater, in denen sie bittere Klage führte gegen ihren Mann. Da kündigte der König seinen Besuch an, woraufhin sich der Schwiegersohn beeilte, das Haus zu putzen und seine Frau mit Schmuck zu behängen und zu verwöhnen. Bald kamen, als Vorboten des Königs, Fürsten und Edelleute, und nach einigen weiteren Tagen der König selbst, der mit allen ihm gebührenden Ehren aufgenommen wurde. Als der König sah, wie gut man seine Tochter behandelte, war er sehr zufrieden. Beim Abschied aber fiel ihm die Tochter weinend um den Hals und flehte: ›Vater, Vater! Wie kannst du mich nur im Stich lassen? Sobald du wieder von hier fort bist, wird man mich wieder verächtlich behandeln.‹ Da wandte sich der König an den Gatten seiner Tochter und machte ihm Vorwürfe: ›Wie kannst du nur so mit meiner Tochter umgehen? Weißt du denn nicht, daß sie eine Königstochter ist?‹ Da weinte auch der Gatte und sprach: ›Ich weiß es, aber was kann ich tun, da ich ja ein armer Mann bin und mich abplagen muß für das tägliche Brot, so daß ich keine Möglichkeit habe, deine Tochter würdig zu behandeln. Dazu kommt noch, daß ich zwischen Menschen wohne, die den Adel deiner Tochter nicht zu schätzen wissen. Du aber bist ein mächtiger König und hast die Möglichkeit, mich von hier wegzuholen und mir Anteil an deinen Besitztümern zu geben. Wenn du dies tust, werde ich mit deiner Tochter dort wohnen und mich so zu ihr benehmen, wie es einer Königstochter zusteht.‹ – Nun die Auflösung des Gleichnisses: Der König, das ist der König aller Könige – Gott. Seine Tochter, das ist die Tora, die Tochter seines Geistes, die im Pentateuch niedergelegte Lehre. Gott wollte die Tora zuerst dem Adam geben, dem ersten Menschen. Die Tora aber wollte ihn nicht, mit der Begründung, er sei ein Schlemmer, er habe trotz Verbot die Frucht vom Baum der Erkenntnis gegessen. Da wollte Gott die Tora dem Noah geben; sie aber sprach: ›Er ist ein Trunkenbold‹, wie es ja in der Bibel heißt: ›Und er trank vom Wein und war berauscht.‹ Da gab Gott die Tora den Israeliten am Berg Sinai. Die Israeliten aber behandeln die Tora auf verächtliche Art, indem sie ihre Vorschriften mißachten. Sie schreibt daher ihrem Vater täglich Briefe, in denen sie bittere Klage führt über die Kränkungen, die sie von seiten ihres Mannes, des Volkes Israel, erdulden muß, wie es in den ›Sprüchen der Väter‹ heißt: ›Jeden Tag geht eine Stimme aus vom Berg Sinai und ruft aus: Wehe ihnen, den Menschen, ob der Kränkung, die sie der Tora antun!‹ Einige Wochen vor dem Versöhnungstag nun, am Neumondstag des Monats Ellul, ertönt in den Synagogen zum ersten Mal der Ton des Schofars, womit Gott sozusagen seine Ankunft ankündigt. Sofort beginnen die Israeliten, die Tora besser zu behandeln, häufiger die Synagogen zu besuchen, gute Werke auszuüben und überhaupt mehr den Satzungen der Tora gemäß zu leben. Nach dreißig Tagen, am Neujahrsfest, also am 1. des Monats Tischri, kommen – um ein Bild des mystischen Buches Sóhar zu gebrauchen – als Vorboten des Königs, unter vielen Schofartönen, Engelsscharen, und endlich am Versöhnungstag, dem 10. Tischri, kommt Gott, der König, selbst und verweilt sozusagen nahe den Irdischen. Da sieht er die Israeliten den ganzen Tag beten, zum Zeichen der Buße in weiße Sterbegewänder gehüllt, der Tora so die größte Ehre gebend. Dies macht auf Gott einen guten Eindruck, und er ist zufrieden mit den Israeliten. Wenn nun, nach Fastenende, die göttliche Majestät im Begriffe ist, sich wieder in die himmlischen Sphären hinaufzuschwingen, bricht die Tora in Weinen aus und bittet: ›Vater, Vater, wie kannst du mich nur im Stich lassen! Jetzt kommt wieder der graue Alltag, an dem das jüdische Volk mich wieder schlecht behandeln wird.‹ Da wendet sich Gott an das jüdische Volk mit den vorwurfsvollen Worten: ›Warum tut ihr dies der Tora an? Wißt ihr denn nicht, daß sie meine Tochter ist?‹ Da antwortete das jüdische Volk: ›Wir wissen es sehr wohl, aber was können wir tun, wir leben ja in großer Armut und Bedrückung im Exil und haben kaum Luft zum Atmen, daher haben wir nicht die Möglichkeit, uns während des ganzen Jahrs so liebevoll der Tora anzunehmen, wie sie es verdient. Du aber, großer Gott, kannst uns ja, nachdem du uns die Tora nun einmal anvertraut und angetraut hast, aus den Ländern des Exils herausführen in dein eigenes Land, in das Heilige Land. Dort werden wir, unter deinem Schutz, mit der Tora leben und sie gebührend hegen und pflegen.‹«[20]

Dieses Gleichnis – das wie alle Gleichnisse des Dubner Predigers von diesem in jiddischer Sprache vorgetragen wurde, aber nur in hebräischer Niederschrift eines seiner Schüler erhalten ist – verweist also auf den idealen Zustand eines messianischen Zeitalters.

3. Aus dem Reisetagebuch des Rabbi Ásulai

Angesichts von Naturkatastrophen, wie Erdbeben oder Überschwemmungen, haben Gläubige aller Konfessionen sich immer die Frage gestellt: Wie kann Gott, der ja allgütig ist, solche Katastrophen über die Menschen bringen; oder auch: Wie kann Gott, der ja gerecht ist, Schuldige und Unschuldige in gleicher Weise heimsuchen? Es ist daher vom religiösen Standpunkt nicht uninteressant, wie sich das Erlebnis einer großen Überschwemmung in Südfrankreich im Reisetagebuch des Rabbi Ásulai spiegelt.

Rabbi Ásulai, mit den drei Vornamen Chájim Jóseph Dávid, wurde 1724 in Jerusalem geboren, wo er als Rabbiner und Schriftsteller tätig war. Zu seinen Reisen durch aller Herren Länder bewog ihn nicht Abenteuerlust, nein, er wäre gern in bescheidener Zurückgezogenheit in seiner Studierstube im Heiligen Land geblieben; was ihm aber das Opfer einer Reise wert schien, war gerade seine Liebe zur jüdischen Lehre, verbunden mit seiner Liebe zum Heiligen Land, auf dessen Boden sich Idealisten unter schwierigen materiellen Umständen dem Studium dieser Lehre hingaben. Die Existenz dieser Idealisten, also der damaligen palästinensischen Judenheit, hing aber von der finanziellen Opferbereitschaft der Diasporagemeinden ab. Ásulai erkannte hier seine Aufgabe: Hier gab es für ihn kein Sich-Zurückziehen in die Studierstube, keine falsche Bescheidenheit. Im Jahre 1753 ergriff er zum ersten Mal den Wanderstab. Während seiner beiden Reisen führte er ein Tagebuch in hebräischer Sprache, das erst 1934 im Original gedruckt wurde und noch in keine andere Sprache übersetzt worden ist.[21]

Nach einer Reise von Jerusalem nach Italien, Deutschland, Amsterdam, London und Paris befindet sich Ásulai gegen Ende des Jahres 1755 in Südfrankreich, in Avignon, von wo aus er sich anschickt, mit seinem treuen Diener Samuel die Alpen zu überqueren, um von Italien aus per Schiff nach Hause zu fahren. Eine Vorahnung von einem nahenden Unheil bekam er, wie er schreibt, durch einen Traum. »Am Sabbatausgang nach Mitternacht war ich mit dem Studium der Lehre beschäftigt und nickte hierüber ein, da sagte man mir im Traum: ›Almosen rettet vor dem Tod.‹ An diesem Morgen sollten wir in aller Frühe abreisen. Aber bevor noch der Tag heraufdämmerte, hörte ich den Fuhrmann an meiner Türe klopfen und sagen: ›Wir können unmöglich abfahren, denn wir können den Fluß vor uns wegen Hochwasser nicht überqueren.‹

So verblieb ich in Avignon und gab um die Mittagszeit drei Franken für einen wohltätigen Zweck. Gegen Abend erfuhr ich, daß die Flußarme der Rhône sowie andere Flüsse in der Nähe Avignons angeschwollen und über die Ufer getreten sind, so hoch, daß das flache Land zwischen den Flüssen im Rhônedelta teilweise unter Wasser gesetzt und verwüstet wurde. In der Gegend gibt es viele Weiden, und das Vieh kam um. Aber das Wasser drang auch mit elementarer Gewalt in die Stadt Avignon ein, und ich sagte zu meinen Glaubensgenossen: Sollte das Wasser bis in die Judengasse dringen, ist höchste Not am Mann, denn die Judengasse befindet sich auf dem höchstgelegenen Punkt der Stadt.

In der darauffolgenden Nacht gelangten die Wasser tatsächlich bis in die Judengasse. In der unteren Stadt standen die Häuser bis zum zweiten Stockwerk unter Wasser, so daß man alle Tore verriegeln mußte.

Und es erhob sich ein großes bitteres Wehgeschrei in der Stadt ob des Verlustes an Menschenleben. An Tieren gingen in der Stadt allein 480 Stück zugrunde, zum Teil durch Hunger, denn das Wasser hatte alle Futtervorräte vernichtet: Hunderte und Tausende Tonnen von Weizen und Mehl, sowie Fässer mit Öl und Wein wurden hinweggeschwemmt, auch ganze Ladungen von Zucker flossen als süßer Fluß hinweg – das Land war im wahrsten Sinne des Wortes ›fließend von Milch und Honig‹. Einige Häuser stürzten durch die Gewalt der Wassermassen ein. Sämtliche Quellwasser sprudelten bis zur Höhe von einigen Stockwerken.

Neben der Synagoge befand sich ein kleiner Hof und in diesem ein Häuschen mit drei Zimmern, eines hinter dem anderen. Vom dritten Zimmer aus führten zwanzig Stufen hinunter zum religiösen Tauchbad, einer natürlichen Quelle. Diese Quelle stieg nun alle zwanzig Stufen empor, füllte das Haus und den kleinen Hof und sogar den großen Hof der nahen Synagoge.

Und ich, in meiner Unfähigkeit zu helfen, als ich immer mehr von dem eben Erwähnten erfuhr und selbst sah, wie der Regen wie aus Eimern herunterkam, so stark, wie ich es bis dahin noch nie erlebt, ich sah schon den Tod nahe vor Augen, insbesondere als uns nach einigen Tagen noch die Schreckensbotschaft erreichte, daß Lissabon, die Hauptstadt Portugals, von einem Erdbeben heimgesucht wurde, das den Großteil der Häuser dem Erdboden gleichmachte, während die stehengebliebenen Häuser durch Feuersbrünste zerstört wurden.«

Ásulai hatte also von dem berühmten Erdbeben Kunde bekommen, das 1755 Lissabon zerstörte. Er fährt fort: »So hatte es den Anschein, als sei die ganze Ordnung der Natur aus den Fugen geraten. Da sprach ich zu unseren Brüdern, der Gemeinschaft Israels: ›Laßt uns doch ins Gotteshaus gehen, um Bußgebete zu verrichten.‹ Sie aber lehnten ab, aus verständlichen Gründen, wegen der Gefahr des Ertrinkens auf dem Weg zur Synagoge auf den überschwemmten Straßen. Da hüllte ich mich in Sack und Asche und rezitierte mit meinem Diener Samuel den Psalm 20. ›Gott möge dich erhören am Tag der Not‹ etc. und ähnliche Psalmen, sowie andere Gebete, darunter das ›Gebet bei Lebensgefahr‹ – und wir vergossen heiße Tränen.« Ásulai berichtet, wie die Flut allmählich zurückging, und bemerkt: »Wenn wir, Gott behüte, wie vorhergesehen, am Sonntag früh morgens abgereist wären, wäre es zwar möglich gewesen, daß wir noch über den Fluß gekommen wären, aber nachher, in der Flut der mächtigen Gewässer, wie wäre es uns da ergangen? Danket dem Herrn, denn er ist gütig, denn ewig währet seine Huld. Gelobt sei er, der den Sündern Gutes tut, dafür, daß er mir Gutes getan.«

Auch ein Rabbi und Theologe wie Ásulai hat auf die Frage nach dem Warum, nach dem Sinn des Unglücks keine allgemein befriedigende Antwort. Wie jeder andere Gläubige jüdischer und anderer Konfession sendet er Bittgebete zu Gott, wenn eine bedrohliche Situation sich abzeichnet, und Dankgebete nach Errettung aus der Not. Die von Ásulai gebrauchte Dankesformel wird noch heute in der Synagoge von Menschen nach ihrer Errettung aus einer Gefahr gesprochen, nämlich: »Gelobt seist du, Gott, der selbst Sündern Gutes erweist, dafür, daß er mir Gutes erwiesen hat.« Die Gemeinde antwortet: »Amen. Wer dir Gutes erwiesen hat, möge dir auch weiterhin Gutes erweisen.«

4. Volkserzählungen

Das Sammeln jüdischer Volkserzählungen ist im heutigen Israel infolge der Einwanderung ganzer Volksgruppen mit kulturellem Eigenleben (Jemeniten, Iraker, Marokkaner, Reste des osteuropäischen Judentums etc.) nicht nur eine besonders lohnende, sondern auch eine besonders vordringliche Aufgabe. Denn über kurz oder lang wird die Tradition des Erzählens und somit die Existenz der Volkserzählung überhaupt der fortschreitenden Akkulturation an die israelische Umgebung zum Opfer fallen. Gerade noch rechtzeitig kam also Dr. Dov Noy, der kurz nach der Entstehung des Staates Israel (1955) an der Hebräischen Universität Jerusalem die »Israel-Sektion für Folklore-Forschung« ins Leben rief. Wäre er früher gekommen, vor der Masseneinwanderung ganzer Volksgruppen nach Israel, hätte er die Erzähler nicht so bequem in einem Land zur Hand gehabt. Wäre er wesentlich später gekommen, wäre die Generation der Erzähler ausgestorben. So ist es eine glückliche Fügung, daß Dov Noy seit 1955 tausende und abertausende Volkserzählungen aus dem Munde von Erzählern aus über dreißig Ländern sammeln und in seinem Archiv aufbewahren konnte. Alljährlich kommen die Geschichtensammler und -erzähler an einem Ort in Israel zusammen, wodurch die Zahl der gesammelten Erzählungen ständig wächst.

Was den Inhalt dieser Erzählungen betrifft, so haben sie häufig keine erkennbare Beziehung zur jüdischen Religion und zum jüdischen Brauchtum, zum Teil sind sie auch von fremden Quellen adaptiert, sie enthalten aber oft moralische Lehren, um derentwillen man sie als religiöse Literatur im weiten Sinne des Wortes bezeichnen kann. – Wir wollen hier einige Beispiele solcher Erzählungen wiedergeben.

Es lebte einst ein armer Bauer, der sich täglich mit der Feldarbeit abplagte. Eines Tages kam er erschöpft und müde heim. Er legte sich ins Bett und bat Gott um einen Schatz, sei er auch noch so klein. Er flehte und flehte – da sah er plötzlich einen Geldbeutel zu seinen Füßen. Eine himmlische Stimme sagte: »Nimm diesen Geldbeutel als Geschenk von Gott. Du wirst eine einzige Münze in ihm finden; sobald du sie herausnimmst, wird sie durch eine andere Münze ersetzt werden. Auf keinen Fall darfst du das Geld ausgeben, bis du den Geldbeutel in den Fluß geworfen hast. Dann wird sich der Geldbeutel in einen

Fisch verwandeln und das darin befindliche Geld in Schuppen.« Der Bauer war entzückt, und die ganze Nacht und den folgenden Tag verbrachte er damit, dem Geldbeutel eine Münze nach der anderen zu entnehmen. Am Abend hatte er einen ganzen Sack voll mit Münzen beisammen. Da sagte er sich: ›Ich will noch einen Sack voll Münzen sammeln und dann mein Geschenk in den Fluß werfen.‹ An jenem Abend bat er seinen Nachbarn um Brot, da er ja das Geld nicht ausgeben durfte, bis er den Beutel in den Fluß werfen würde. Am folgenden Tag bettelte er auf der Straße um Almosen, um sich Brot kaufen zu können, denn er sagte sich: ›Es wird mir nichts schaden, wenn ich noch einen Sack mit Geld fülle, bevor ich diesen wunderbaren Geldbeutel in den Fluß werfe.‹ Und so geschah es von Mal zu Mal. Sobald ein Sack voll war, hatte er Lust, noch einen Sack zu füllen, und bettelte inzwischen um Almosen, um sich zu ernähren. Oftmals trug er den Beutel zum Fluß in der Absicht, ihn hineinzuwerfen, aber immer wenn er das Ufer erreichte, beschloß er, das Hineinwerfen zu verschieben, bis er noch einen weiteren Sack mit Münzen gefüllt haben würde. So fuhr er fort Münzen zu sammeln bis ans Ende seiner Tage, ohne auch nur eine von ihnen auszugeben, weil er sich ja nicht von seinem wunderbaren Geldbeutel trennen wollte. Er starb als steinreicher Mann, ohne einen Bissen Brot im Hause. Geld allein macht eben nicht glücklich.[22]

Die zweite Geschichte handelt von zwei Bettlern, von denen der eine für die vom König erhaltenen Almosen dem König dankte, der andere Gott.

Zwei Bettler pflegten in den Straßen einer Hauptstadt zu betteln. Auf ihrem Weg kamen sie immer am Palast des Königs vorbei, der ihnen stets eine Gabe zukommen ließ. Der eine der beiden Bettler dankte dem König für seine Großzügigkeit, der andere dankte Gott dafür, daß er dem König Macht und Mittel gab, die es ihm ermöglichten, seinen Untertanen zu helfen. Dies ärgerte den König und er sprach zum Bettler: »Ich bin großzügig zu dir, und du dankst einem anderen.« Darauf antwortete der Bettler: »Wäre Gott nicht großzügig zu dir, könntest du mir nichts geben.« – Eines Tages befahl der König, zwei gleiche

Brotlaibe zu backen und in einen der beiden wertvolle Edelsteine zu legen – als Geschenk vom König. Diesen Brotlaib befahl er dem Bettler zu geben, der den König lobte, den gewöhnlichen Brotlaib aber dem Bettler, der Gott lobte. Der Bäcker tat also. Als die beiden Bettler nun den Palast verließen, bemerkte der den König lobende Bettler, daß sein Laib schwerer war als gewöhnlich, und dachte, daß er schlecht gebacken sei. Er bot seinem Kollegen an, die Laibe zu tauschen. Dieser tat ihm den Gefallen. Darauf trennten sie sich und jeder ging seiner Wege. Der Bettler, der Gott lobte, begann zu essen und fand natürlich die Edelsteine. Er dankte Gott, daß er es nun nicht mehr nötig hatte, jeden Tag zum Palast zu gehen und die Hand nach Almosen auszustrecken. Der König war erstaunt, daß dieser Bettler nicht mehr kam, und fragte den Bäcker, ob er nicht versehentlich die beiden Brotlaibe verwechselt habe, was dieser kategorisch verneinte. Nun fragte der König den arm gebliebenen Bettler, der weiterhin täglich im Palast erschien: »Was tatest du mit dem Laib Brot, der dir an jenem Tag ausgehändigt wurde?« »Dieser Laib Brot«, antwortete der Bettler wahrheitsgemäß, »war schwer, er schien mir nicht gut gebacken zu sein, so gab ich ihn meinem Kollegen.« Jetzt verstand der König, warum der andere Bettler Gott gedankt hatte und nicht dem König: Kommt doch aller Reichtum von Gott allein. Gott allein vermag einen reichen Mann arm zu machen und einen armen reich.[23]

Die folgenden zwei Erzählungen aus der Sammlung von Dov Noy stammen aus dem Munde seines nach Israel eingewanderten jemenitischen Gewährsmannes Jéfet Schwíli. Obwohl ihre Moral nicht spezifisch jüdisch ist, vertreten sie doch ein zutiefst jüdisches Anliegen, und der Optimismus des jemenitischen Erzählers, der die Gerechtigkeit siegen läßt, spiegelt die jüdische Hoffnung auf einen letztendlichen Sieg des Guten in der Welt wider. In der folgenden Geschichte, betitelt »Der gerechte Richter«, verkleidet sich ein König als Untertan, um incognito herauszufinden, wie seine Untertanen leben. Er besteigt sein Pferd und reitet zum Basar. Unterwegs trifft er einen alten, blinden Bettler, der ihn bittet, ihn mitzunehmen. Der König gewährt die Bitte. Am Basar angelangt, sagte der König: »Nun steige ab!« Darauf der Bettler: »*Du* steige ab!« Darauf der König: »*Du* steige ab, es ist ja *mein* Pferd!« Darauf der Bettler: »Räuber! Es ist *mein* Pferd!« Beide schrien und zankten sich, bis ein Haufen zusammengelaufen war. Die Menschen schenkten dem Bettler Glauben und gaben ihm das Pferd. Der König war aber natürlich nicht einverstanden und rief: »Kommt zum Kadi!« So gingen sie alle zum Kadi, der gemäß dem Zeugnis der Leute das Pferd dem Bettler zusprach. Der König ging zum zweiten Kadi, der ebenfalls dem Bettler recht gab. Ebenso der dritte und vierte und alle sieben Kadis der Stadt. Es blieb nur noch einer, aber von dem dachte der König, er sei ein schlechter Richter. Er entschloß sich aber doch, auch zu ihm zu gehen. Dieser Kadi entschied: »Laßt das Pferd hier und kommt nach drei Tagen zurück.« Als sie am dritten Tag wieder kamen, band der Richter das Pferd vor dem Gericht an und sagte zum Bettler: »Geh am Pferd vorbei!« Der Bettler ging vorbei und das Pferd beachtete ihn nicht. Dann hieß er den König am Pferd vorbeigehen. Da erkannte das Pferd seinen Herrn und wieherte freudig. »Das Pferd ist dein«, sagte der Kadi zum König, der nun sein Inkognito lüftete, den Richter lobte und zum obersten Richter der Stadt ernannte. So hatte die Gerechtigkeit gesiegt.[24]

Die folgende Erzählung mit dem Titel »Das Meer ist ein guter Bürge« knüpft an die biblische Mahnung an (Deut. 15,7): »Wenn unter dir sein wird ein Dürftiger ... so verhärte nicht deine Hand und verschließe nicht dein Herz vor deinem dürftigen Bruder ...« Ein Armer kam zu einem Reichen und bat ihn um eine Anleihe von 100 Geldstücken. »Und wer wird für dich bürgen?« fragte der Reiche. »Gott, gesegnet sei er«, entgegnete der Arme, »und das Meer. Selbst wenn ich eine Jahresreise von hier weg sein sollte, ich sende dir das Geld.« Der Reiche gab ihm die erbetene Summe. Der Arme begab sich damit nach Übersee, wo er viel Geld verdiente. Als die Zeit des Zurückzahlens herannahte, wollte er nicht seine gute Arbeit stehen lassen, um eine so weite Reise zu unternehmen. Da nahm er ein Kistchen, legte das Geld hinein, verschloß es, schrieb darauf seinen Namen und den Namen des Reichen und warf es ins Meer.

»Das Meer ist ja mein Bürge«, sagte er, »vielleicht wird es ankommen.« Zur Zeit der Fälligkeit der Schuld begab sich der Reiche zum Hafen. Er sagte sich: »Vielleicht hat jener mir das Geld mit jemandem geschickt.« Da kam eine Welle und warf ihm das besagte Kistchen gerade vor die Füße. Und er las: »Von soundso dem soundso geschickt an dem und dem Tag.« Da freute er sich und dankte Gott. Der Schuldner kam nach zehn Jahren zurück und wollte das Geld zehnfach zurückzahlen, als Entschädigung für die Verspätung. Von dem Kistchen erwähnte er nichts, in der Befürchtung, ausgelacht zu werden. Als er aber von dem Reichen erfuhr, daß das Kistchen angekommen war, freute er sich, und beide wurden gute Freunde.[25]

VI. Jüdisches Leben

1. Der Sabbat im Lauf der Geschichte

Seit jeher ist der Sabbat das gewesen, was er in gesetzestreuen jüdischen Kreisen heute noch ist: ein Tag vollkommener Entspannung vom Streß des Alltags im Kreise der Familie. In seinem Buch »Aus dem Leben der Juden Deutschlands im Mittelalter« beschreibt Abraham Berliner einen Sabbat im mittelalterlichen Deutschland: »Vorzüglich war man am Freitag geschäftig, um zu Ehren des Sabbat alles fein säuberlich herzurichten. Mit dem Eintritt des Freitagabend wandelte sich auch die ärmlichste Hütte in einen Palast voller Seligkeit und Wonne. ›Steigt die Sabbatlamp herab, wendet Not und Sorg sich ab‹, galt als Trostspruch in den trüben und sorgenvollen Werktagen. Die von der Decke des Zimmers über der Mitte des Tisches herabhängende Lampe wurde nämlich vor Eintritt des Sabbats herabgelassen und nach Sabbatausgang wieder hinaufgezogen, und das altjüdische Sprichwort, welches sich hiervon gebildet hat, ist bezeichnend: ›Lamp herunter, Sorg hinauf!‹ Der Ärmste noch war bemüht, den Sabbat auch äußerlich zu schmücken und auszuzeichnen ... Einen wesentlichen Bestandteil der Volkslektüre am Sabbat bildeten Sittenschriften und die Testamente großer Männer, welche einen nicht zu unterschätzenden Einfluß auf den sittlichen Zustand der Juden übten.

Die Weihe des geheiligten Tages verbreitet einen Segen, der nicht allein in dem äußeren Wohlbehagen, sondern auch in dem erhöhten inneren Seelenleben (der sogenannten ›zweiten Seele‹) zur Geltung kommt. Mit dem Einbruch des Abends, da drei Sterne mittlerer Größe am Firmament sichtbar werden, ist der Sabbattag mit seiner Heilkraft gewichen. (...) Man verläßt das Gotteshaus, indem einer dem anderen ›gut Woch‹ wünscht. Noch auf der Straße beginnt man Lieder zu singen, aus denen

Trost und Hoffnung für die Zukunft des einzelnen wie der Gesamtheit geschöpft werden. Ein Passus eines dieser Lieder lautet, vom Hebräischen ins Deutsche übersetzt:

> An des Sabbats Ende/
> An des Heil'gen Wende/
> Den Erlöser sende,/
> Der Messias heißt.
> Deinen Segen bringe,
> Herr! in alle Dinge,
> Wenn in gleichem Ringe
> Stets die Woche kreist.«[26]

In den vielen Erinnerungsbüchern an das jüdische *»Städtl«* in Osteuropa, die meist in jiddischer Sprache abgefaßt sind, fehlt selten eine nostalgische Beschreibung der Begehung des Sabbats. Das jüdische Leben in Kamenitz, einem Städtchen in der Ukraine, beschreibt auf anschauliche und volkstümliche Weise der dort geborene Schriftsteller Ezekiel Kotik in seinem 1922 in Berlin erschienenen zweibändigen jiddischen Werk, betitelt »Meine Erinnerungen«. Die Erinnerungen beziehen sich auf die Zeit vor dem Ersten Weltkrieg, als die Juden mit 24000 Seelen fast die Hälfte der ganzen Bevölkerung ausmachten. Das Werk ist von großem kulturhistorischen Interesse, weil Kotik darin alle Facetten des täglichen Lebens der damaligen russischen Juden in allen Einzelheiten aus eigenem Erleben heraus beschreibt, die Struktur ihrer Gemeinden, ihren Handel und Wandel und nicht zuletzt die Ausübung ihrer Religion.

Bereits im ersten Kapitel seiner Beschreibungen erinnert sich der Verfasser liebevoll an die Feier des Sabbat, die erst so recht verständlich wird vor dem Hintergrund des kargen prosaischen Lebens die ganze Woche hindurch. Ich übersetze aus dem Jiddischen: »Die Juden in Kamenitz waren meist sehr arm. Die ganze Woche über haben sie kein Fleisch gekostet und Semmel mit frischem Gebäck nur in einigen gezählten Häusern. In den meisten Familien aß man die Woche über Schwarzbrot, das man einmal in der Woche selbst buk, oder einmal in zwei Wochen, als Sparmaßnahme, weil man annahm, daß, je älter das Brot ist, desto weniger davon gegessen wird. (...) Mittags gab es etwas

Borschtschsuppe mit Brot und einem Stückchen Hering oder einem Stückchen Butter. Zu Ehren des Sabbats aber kauften alle Juden, auch die ärmsten, Fische. Die sogenannten ›Reichen‹, d.h. die etwas besser Situierten, kauften große Fische, die Armen kleine Fischlein, die sie mit Zwiebel zerhackten, wodurch die Portionen größer erschienen. (...) Auch Fleisch gönnte man sich dem Sabbat zu Ehren, und nirgends fehlte Wein und geflochtenes Weißbrot für den Sabbatsegen sowie die anderen traditionellen Sabbatspeisen. Alle diese Vorbereitungen – Einkaufen, Backen, Kochen – fanden natürlich *vor* Beginn des Sabbats statt. Am Freitagabend, kurz vor Sonnenuntergang, ging der sogenannte ›Schul-Rufer‹ (d.i. Synagogen-Rufer) durch die Gassen des Städtl und rief: ›Es ist Zeit zum Lichtzünden‹, womit gemeint ist: Es ist Zeit, daß die Hausfrau zum Zeichen des Sabbatbeginns die Sabbatkerzen entzündet, wobei sie spricht: ›Gelobt seist du, Ewiger, unser Gott, König der Welt, der uns geheiligt hat durch seine Gebote und uns befohlen, die Sabbatlichter anzuzünden.‹

Damit ist eine friedliche Sabbat-Atmosphäre ins Haus eingezogen, zumal außer den symbolischen Sabbatkerzen noch anderes Kerzenlicht die Stube erhellte, sei es in Leuchtern auf Tischen, sei es in Hängeleuchtern. Die männlichen Mitglieder der Familie haben sich inzwischen gewaschen, gebadet und sabbatlich gekleidet, in die verschiedenen Synagogen und Betstuben zum Abendgebet begeben und kommen dann heim.

Der Hausherr leitet die Mahlzeit ein mit dem Segen über Brot und Wein. Man würzte die Mahlzeit nach Belieben mit heiteren Sabbatliedern und freute sich über den teuren und lieben Sabbat. Die Schwermut der ganzen Woche hat man von sich geworfen; vom Beginn bis zum Ende des Sabbat war man fröhlich; aus allen Winkeln kam die Sabbatstimmung herbeigeweht, rein, heilig. Von geschäftlichen Dingen zu reden hat sich keiner erlaubt, es wäre eine große Sünde gewesen, vielmehr hat man den Tag verbracht mit dem Studium der heiligen Schriften. Nach dem Mittagessen hat man sich ein Schläfchen gegönnt. Danach pflegte man, im Sommer wie im Winter, im Lehrhaus zu ›lernen‹, und zwar eingeteilt nach Gruppen: An einem Tisch taten sich die im Talmud Bewanderten zusammen, um am Talmudkurs eines Rabbi teilzunehmen; an einem anderen Tisch lernten weniger Fortgeschrittene aus der ›Midrasch‹ genannten jüdischen Erzählliteratur; wieder andere an einem dritten Tisch aus dem ›Der gedeckte Tisch‹ genannten Gesetzesbuch, in dem übersichtlich dargestellt wird, was der Mensch zu tun und zu lassen hat. An den übrigen Tischen saßen einfache, ungebildete Menschen aus dem Volk, denen das Studium all dieser Bücher zu schwer fiel und die daher an keinem dieser Lernkurse teilnahmen. Dafür konnten sie aus den Psalmen rezitieren, und sie taten dies in einer wunderbaren Weise, der Reihe nach Vers für Vers, mit solcher Inbrunst, daß es das Herz der Zuhörer rührte. Auf dieses nach Gruppen getrennte ›Lernen‹ folgte das gemeinsame Nachmittagsgebet und bei Sabbatende das Abendgebet, nach dem man sich gegenseitig ›Gut Woch‹ wünschte.«[27]

Als um die Jahrhundertwende viele osteuropäische Juden, vor Pogromen flüchtend, in Amerika und England eine neue Heimat fanden, machten viele, dem Druck der wirtschaftlichen Verhältnisse folgend, den Sabbat zu einem Arbeitstag, andere widerstanden der Versuchung.

Während einer Debatte im englischen Parlament im April 1986 über das Sonntags-Ruhegesetz ergriff der jüdische Abgeordnete Gerald Kaufman das Wort zu folgender persönlichen Erinnerung: »Mein Vater war ein Immigrant aus Polen. Sein ganzes Leben hindurch war er ein Fabrikarbeiter. Nie hat er viel verdient. Er hatte eine große, stets im Wachsen begriffene Familie unterzubringen, zu ernähren und zu kleiden, aber welche Nachteile es ihm auch bringen mochte für seine Anstellung und Beförderung, – niemals hätte er eine Beschäftigung angenommen, die ihn verpflichtet hätte, am Sabbat zu arbeiten. Für ihn, in seinem harten und mühsamen Leben, war der Sabbat wertvoll als die stille Insel im stürmischen Meer der Woche.« »Und sicherlich«, fügte Kaufman hinzu, »empfinden Millionen Christen in diesem Land das gleiche bezüglich des Sonntags.«[28]

Daß sich heutzutage der Charakter des Sabbat trotz der Errungenschaften der modernen Technik für einen orthodoxen Juden nicht verändert hat, bezeugt der bekannte amerikanischjüdische Schriftsteller Hermann Wouk: »Der fromme Jude reist nicht am Sabbat, kocht nicht, benutzt keinerlei Hilfsmittel, die mit motorischer oder elektrischer Kraft betrieben werden, gibt kein Geld aus, raucht nicht und schreibt nicht. Für ihn steht die Welt der Arbeit still. Er muß auf fast alle mechanischen Annehmlichkeiten der Zivilisation verzichten. Das Radio verstummt, der Fernsehschirm bleibt leer. Das Kino, Baseball- und Fußballspiele, der Golfplatz, die Theater, die Nachtklubs, die Autobahnen, das Kartenspielen, der Grillofen, wirklich so ziemlich alles, womit man sich für gewöhnlich die freie Zeit vertreibt, – er muß darauf verzichten.

Der jüdische Sabbat ist eine Feierlichkeit, die hohe Anforderungen stellt, um eine durchschlagende Wirkung zu erzielen. Ein Jude, der den Sabbat halten will, lebt vom Sonnenuntergang am Freitag bis zum Sonnenuntergang am Samstag in einer Welt für sich. Das wollen wir getrost eingestehen.«

Das sind die vielen Einschränkungen, die der traditionelle Sabbat auferlegt. Aber Hermann Wouk fährt fort: »Nachdem ich, fürchte ich, dem Leser mit dieser strengen Seite des Sabbats gehörig zugesetzt habe, ist es nur billig, ihm jetzt zu erzählen, daß dieser Tag für einen religiösen Juden der Angelpunkt ist, um den sich alles in seinem Leben dreht, aus dem er Kraft und Erholung und Lebensfreude schöpft (...). Der große Unterschied zwischen dem puritanischen und dem noch weit strengeren jüdischen Sabbat liegt in dem zwar unfaßbaren und doch so überwältigenden seelisch-geistigen Gehalt. Der jüdische Sabbat hebt an mit Segenssprüchen über Licht und Wein. Licht und Wein sind die Schlüssel zu diesem Tag. Die Heiligkeit des Sabbats hat ihre Riten und Gebräuche, sein eigentlicher Sinn heißt Gelöstheit, Friede, Heiterkeit und Erhebung der Herzen zu Gott.«

Welche Bedeutung der Sabbat für das Alltagsleben eines modernen Juden haben kann, zeigt eindrucksvoll auch Hermann Wouks Schilderung seines ganz persönlichen Sabbats: »Der Sabbat hat immer dann überaus einschneidend in mein Leben eingegriffen, wenn Proben meiner Stücke stattfanden. Die hochgradige Spannung, unter der diese Proben auf dem Broadway stehen, ist schon Legende und eine wahre obendrein. Mir war, wenn es um eine Seeschlacht ging, leichter zumute. Während dieser Proben wird es allemal Freitagnachmittag, just wenn die Aufführung vollständig zusammenzubrechen droht (...). Ich pflege mich also widerstrebend von meinen Kollegen zu verabschieden (...). Hinter mir habe ich das düstere Theater gelassen, (...) die dicken Tabakschwaden, den Kulissenstaub, – und ich bin daheim. Der Wechsel ist verwirrend, fast so, als käme man von der Front auf kurzen Heimaturlaub. Meine Frau und meine beiden Söhne ... empfangen mich, alle schon festlich gekleidet und froh gestimmt, und das Herz geht mir auf bei ihrem Anblick. Wir setzen uns zu einem festlichen Mahl an den mit Blumen und alten Sabbatsymbolen geschmückten Tisch: die brennenden Kerzen, die geflochtenen Weißbrote, der gefüllte Fisch und meines Großvaters Silberpokal, in dem Wein funkelt. Ich spreche über meine Söhne den uralten Segen (›Gott mache dich gleich Ephraim und Manasse‹, Gen. 48, 2), und wir singen Tischlieder (...). Auf ähnliche Weise verbringen wir auch den Samstag. Die Jungen kennen sich in der Synagoge aus, und es gefällt ihnen dort. Noch besser gefällt ihnen, daß sie nun ihre Eltern ganz für sich haben (...). Dieser Tag gehört ihnen. Dieser Tag gehört aber auch mir. Das Telefon klingelt nicht. Ich habe Zeit zum Nachdenken, zum Lesen, Lernen, Spazierengehen oder zum Nichtstun. Es ist eine Oase der Ruhe. Erst wenn es dunkel wird, kehre ich zurück zum Broadway, und das nervenzerreißende Spiel beginnt von neuem (...). Mein Regisseur sagte eines Samstagabends zu mir: ›Ich beneide Sie nicht um Ihre Religion, aber ich beneide Sie um Ihren Sabbat.‹«[29]

Ein Jude aus dem Volk sagte einmal treffend: »Wenn es den Sabbat nicht gäbe, müßte man ihn erfinden.«

2. Die Synagoge in ihrer historischen Entwicklung

Nach der Zerstörung des Tempels durch die Römer im Jahre 70 n. Chr. trat der synagogale Gottesdienst anstelle des Opferkults. Das heißt aber nicht, daß nicht schon zur Zeit des Tempels Synagogen existierten. Lange vor der Zerstörung des Tempels fanden innerhalb und außerhalb des Landes Israel regelmäßige Gottesdienste in Synagogen statt. Hauptbestandteile bildeten, wie noch heute, das »Höre Israel«-Gebet, das ein Bekenntnis zum einzigen Gott und seinem gerechten Walten darstellt, sowie das Achtzehn-Gebet, so genannt, weil es 18 Segenssprüche enthält, in denen sich der Beter lobpreisend, bittend und dankend zu Gott wendet. Allein in Jerusalem zählte man, als der Tempel noch existierte, nicht weniger als 394 Synagogen (Ketubot 105a), nach einer anderen Quelle (Jerus. Talmud Ketubot VIII, 1) sogar 480 Synagogen. Sogar im Tempel selbst befand sich eine Synagoge.

Nach der Zerstörung des Tempels mußte also ein Ersatz für den Opferkult nicht erst geschaffen werden; er existierte bereits, – eben in der Form des Synagogengottesdienstes, der nun noch erweitert und verschönert wurde.

Die Synagogen im Altertum waren einfach, aber nicht schmucklos konstruiert. Wie die Ausgrabungen zeigen, hatten manche Synagogen kunstvolle Mosaikböden, manche einfache Steinböden oder überhaupt keinen besonderen Bodenbelag. Manche Synagogen hatten Säulenhallen; Wände und Säulen waren geschmückt mit Zeichnungen, meist religiösen Symbolen wie Menóra, Widderhorn, Weinbecher, Palmwedel als Teil des Erntedank-Feststraußes; aber auch mit Weintrauben, Granatäpfeln und anderen Früchten ohne speziell religiös-symbolischen Charakter. In der Synagoge von Bét Álpha waren zu beiden Seiten des Tora-Schreines zwei brüllende Löwen gemalt, einer auf jeder Seite – sozusagen als Ehrenwache. Bereits im Altertum waren die Synagogen, wie heute noch, nach Jerusalem ausgerichtet. Außer durch Ausgrabungen sind wir auch durch zeitgenössische Berichte über die Struktur der alten Synagogen informiert; so lesen wir über die ca. 200 vor Beginn unserer Zeitrechnung errichtete größte Synagoge der Stadt Alexandria folgendes im Talmud (Sukka 51b): »Man sagt, daß diese Synagoge die Form einer riesigen Basilika hatte. Es befanden sich darin 71 vergoldete Pulte (wohl für die Synagogenvorsteher), entsprechend den 71 Mitgliedern des Synhédrions in Jerusalem.

In der Mitte der Synagoge befand sich ein hölzernes Podest, auf dem der Synagogendiener stand, einen Schal in der Hand. Wenn der Moment des Amen-Sagens gekommen war (nämlich wenn der Vorbeter einen Segensspruch beendete), schwenkte der Synagogendiener seinen Schal, woraufhin alle Beter ›Amen‹ anstimmten.« Die Synagoge war nämlich so groß, daß ein Teil der Beter die Stimme des Vorbeters nicht hören konnte.

Die Inneneinrichtung der Synagoge ist seit den ältesten Zeiten im Prinzip die gleiche geblieben, wenn auch die Ausführung im einzelnen je nach Ort und Zeit differiert. In erster Linie ist natürlich die Torarolle zu nennen, jene an der Vorderwand im Toraschrein aufbewahrte, mit den Fünf Büchern des Moses beschriebene Pergamentrolle, aus der am Sabbat und manchmal auch an Werktagen vorgelesen wird.

Im Altertum war der *Schrein* tragbar und wurde tatsächlich bei Dürre oder sonstiger Notlage auf den Marktplatz getragen, wo sich die ganze Bevölkerung zu Buß- und Bittgebeten versammelte. In der Synagoge lag – und liegt noch heute – der Schrein hinter einem mit Symbolen bestickten Vorhang, an den Vorhang erinnernd, der im Tempel das Allerheiligste vom übrigen Teil des Tempels trennte.

In der Mitte der Synagoge befand sich das *Podest,* das wir bereits vorhin bei der Beschreibung der Synagoge in Alexandria erwähnten. Dort stand der Synagogendiener auf dem Podest, einen Schal in der Hand. Normalerweise diente das Podest, auf dem ein flaches Pult stand, der Vorlesung aus der Torarolle, die einen Teil des Gottesdienstes darstellte. Die Vorlesung in der Mitte der Synagoge, also nicht etwa vorne, soll optisch und akustisch zum Ausdruck bringen, daß die Gesetze der Tora ins Volk hineingetragen werden sollen. Seit etwa 150 Jahren existieren Reformsynagogen, die das Podest nach vorne verlegen, zum Teil in Angleichung an die Architektur der christlichen Kirche, in der sich ja die religiöse Haupthandlung vorne abspielt. Das Vorbeterpult ist heute in fast allen Synagogen, also auch in denjenigen des orthodoxen Judentums, vorne angebracht, an der Seite des Toraschreines.

In ältesten Zeiten jedoch stand auch der Vorbeter in der Mitte der Synagoge, ebenso heute noch in nordafrikanischen und orientalischen Synagogen.

Mit der Kirche gemeinsam hat die Synagoge das *Ewige Licht*, das in der Synagoge erst seit dem 17. Jahrhundert nachweisbar ist. Es soll wahrscheinlich an das nie verlöschende Licht im Tempel erinnern.

Seit den ältesten Zeiten haben die Synagogen eine besondere Abteilung für Frauen; in den modernen Reform-Synagogen gibt es keine solche Abteilung mehr, Frauen und Männer beten dort gemeinsam.

Die Synagogen, zusammen mit den Lehrhäusern, bildeten und bilden das Zentrum jüdischen kulturellen Lebens in der Diaspora. Was das rein religiöse Leben anbelangt, gilt dies auch für den Staat Israel. Der Talmud (Megilla 29a) nennt die Synagoge einen »Tempel im Kleinen«, in Anlehnung an Ezekiel 11, 16, wo es heißt: »Also spricht Gott, der Herr: ›Obwohl ich sie entfernt habe unter die Völker und obwohl ich sie zerstreut habe unter die Länder, so werde ich ihnen doch zu einem kleinen Heiligtum in den Ländern, in die sie gekommen sind.‹« Unter dem »kleinen Heiligtum« versteht der Talmud die Synagogen.

3. Die Jeschíwa: Stätte des Talmudstudiums

Seit dem Altertum bis heute ist die Jeschíwa, die Talmudhochschule, die Pflanzstätte intensiven Talmudstudiums. Was die Jeschíwa ist und was sie nicht ist, hat Dr. Menáchem Friedmann von der israelischen Bar-Ilan-Universität folgendermaßen formuliert: »Die Jeschíwa-Welt ist nicht eine Welt blinden Glaubens und religiösen Obskurantismus, wie sie Außenseitern erscheinen könnte, sie ist vielmehr ein reiches intellektuelles und soziales Milieu, das geistige Befriedigung bietet. Je zwei in etwa gleich fortgeschrittene Talmudstudenten tun sich in der Jeschíwa zusammen und arbeiten sich durch das Pensum des Tages – eine bestimmte Seite in einem bestimmten Traktat des Talmuds.

Alle Studenten-Paare vertiefen sich, in der großen Haupthalle an Tischen sitzend über die Folianten gebeugt, in den gleichen Lehrstoff, als Vorbereitung für die große tägliche Hauptvorlesung des Rabbi, der den Stoff in kompetenter Weise vorträgt, durch Exkurse besser verständlich macht, auf Zwischenfragen der Studenten antwortet, andererseits aber auch Fragen an die Studenten richtet, um sich zu vergewissern, daß sie die talmudischen Argumentationen richtig erfaßt haben. Scheinbare Widersprüche mit anderen talmudischen Passagen werden geklärt, die dem Text zugrunde liegenden juristischen und ethischen Prinzipien werden aufgedeckt, wobei die gedruckten Kommentare des Talmud zu Rate gezogen werden. Nach diesem Hauptseminar tun sich die Paare wiederum zusammen und bereiten das Pensum des folgenden Tages – meist die Fortsetzung des talmudischen Textes – auf die gleiche Weise vor. Jedes Tagespensum bildet einen Baustein für die Errichtung des talmudischen Gedankengebäudes mit seinen vielen Abteilungen, zu denen außer dem Religionsgesetzlichen und Ethischen auch das Belehrende und die Erzählungen gehören; alles sagt der Talmud in einem lakonischen Stil, der oft Möglichkeit für verschiedene Deutungen offenläßt und daher zum Nachdenken zwingt. So werden die »Bausteine« des geistigen Gebäudes geprüft, befestigt, bis alles zueinander paßt. Das Bemühen um das richtige Verständnis des Textes bereitet den Studenten ein geradezu sinnliches Vergnügen. Die Worte, die sie benützen, um den Erfolg ihres Ringens um das Verstehen einer schwierigen Stelle zu beschreiben, sind sinnliche Worte: ›schön‹, ›klar‹, ›süß‹. – Der 1953 in Israel verstorbene berühmte Rabbi Karelitz sagte einmal: ›Es gibt keine geistige Reinigung, die der gelungenen Klärung einer Talmudstelle gleichkommt (...).‹ Außer dem Gefühl eines intellektuellen Abenteuers vermittelt die Jeschiwa auch vibrierendes soziales Leben mit geselligen Zusammenkünften und persönlichen Kontakten. Der Festigung des Charakters und der Frömmigkeit dienen außer dem Talmudstudium selbst besondere Vorträge aus dem Gebiet der Ethik.«[30]

Was der Talmud für die jüdische Kultur bedeutet, hat u. a. der Rabbiner Dr. M. Rawicz in der Einleitung zu seiner 1883 in

Frankfurt am Main erschienenen erstmaligen Übersetzung des Traktats »Megílla« ins Deutsche beschrieben: »Im Talmud hat der jüdische Volksgeist seine herrlichsten Blüten getrieben, die jüdische Volksseele hat darin ihren adäquaten Ausdruck gefunden. Eigenartig ist der Talmud, das muß zugestanden werden, aber er entspricht vollkommen dem jüdischen Geist, der jeden Gegenstand auf seinen Ursprung zurückführt und das ganze menschliche Leben in seinen Tiefen erfaßt und zur Darstellung bringt.« Heute liegt der Talmud gedruckt in Standardausgaben mit Kommentaren berühmter Gelehrter des Mittelalters und der Neuzeit vor und bietet so den Stoff für das Talmudstudium auch außerhalb, aber vor allem innerhalb der Jeschíwas.

Erstaunlich ist die Renaissance der Jeschíwas in Israel nach dem Untergang des osteuropäischen Judentums und damit auch der dort florierenden Jeschíwas. Etwa 60000 Studenten sind heute in den 370 Jeschíwas Israels eingeschrieben. Diese Studenten sind vor allem Jugendliche, die sich nach Beendigung der Schule bis zum Eintritt ins Berufsleben soweit im Talmud vervollkommnen wollen, daß sie später auch ohne Hilfe eines Lehrers imstande sind, sich durch die Folianten des Talmuds durchzuarbeiten. Viele setzen aber das Studium im Rahmen der Jeschíwa auf längere Zeit fort, auch nach ihrer Verheiratung, und einige bleiben auf Lebenszeit. Der Staat Israel erkennt ihnen den Status von Theologiestudenten zu, gewährt ihnen ein kleines Stipendium und befreit sie vom Militärdienst. Ein mehrjähriges Jeschíwa-Studium berechtigt zur Ausübung einer Tätigkeit als besoldeter Rabbiner, wobei dann freilich die seelsorgerische Tätigkeit zeitlich auf Kosten des geliebten Talmudstudiums geht.

Man hat die schwarzgekleideten Jeschíwa-Studenten, die neuerdings erstaunlich großen Zulauf aus areligiösen Kreisen erhielten, als die »Armee Gottes« bezeichnet, die für die Erhaltung der religiösen Werte des Judentums kämpft. Das Andenken an die zerstörten osteuropäischen Jeschíwas lebt oft in den Namen der israelischen Jeschíwas fort; so gibt es in Jerusalem eine Preßburger Jeschíwa, in Bné Brak eine Poniwescher Jeschíwa – äußere Zeichen für die Kontinuität des Jeschíwa-Geistes.

4. *Das Lehrer-Schüler-Verhältnis in einer Talmud-Hochschule vor 150 Jahren*

Der berühmte Rabbi Moses Schreiber (gest. 1839; über sein Testament s.o. III. 2) wirkte in Preßburg in doppelter Funktion, als Seelenhirt seiner Gemeinde und als Leiter der von ihm zur Blüte gebrachten Jeschíwa, der Talmud-Hochschule. Das Durchschnittsalter ihrer Studenten betrug 15–25 Jahre, was erklärt, daß in dieser Institution, wie in jeder anderen Ausbildungsstätte für junge Leute, bestimmte pädagogische Grundsätze zur Anwendung gelangen müssen. Aus der Biographie des Rabbi Moses Schreiber, verfaßt in hebräischer Sprache von seinem Enkel Rabbi Salomon Schreiber, seien hier, in deutscher Übersetzung, einige Auszüge wiedergegeben, die das Verhältnis des Meisters zu seinen Schülern betreffen:

»Es befanden sich unter den Schülern meines Großvaters scharfsinnige Köpfe und hervorragende Gelehrte, prädestiniert für leitende Stellen in jüdischen Gemeinschaften. Er betreute seinen Weinberg, den Weinberg Gottes, mit souveränem Überblick; insbesondere schärfte er seinen Schülern stets ein, sich in ihrer Eigenschaft als Toragelehrte von jeglichem Standesdünkel fernzuhalten und auch keinerlei Druck auf das Publikum auszuüben, um einen Rabbinatsposten zu erlangen. Trotz seiner väterlichen Liebe zu jedem einzelnen seiner Schüler hielt er sich ihnen gegenüber an den pädagogischen Grundsatz des Talmuds: ›Mit der Linken stoße man den Zögling von sich (d.h. man halte Distanz), mit der Rechten aber ziehe man ihn zu sich heran‹, d.h. Liebe sei mit Strenge gepaart (...).

Wie bereits erwähnt, achtete er darauf, daß seine Schüler, selbst die begabtesten, keinerlei Anwandlungen von Überheblichkeit überkam. Als kluger Pädagoge kannte er die häufige Erscheinung, daß ein junger Mann, wenn sich ihm beim Studieren die Quellen der Weisheit zu erschließen beginnen, diese Weisheit glaubt zum ersten Mal entdeckt zu haben. Er bildet sich in seinem Herzen ein, es gäbe keinen größeren als ihn. Freilich, je älter er wird und je mehr er lernt, desto ausgeprägter kommt ihm zum Bewußtsein, daß es bis jetzt gar nicht so weit her war mit seiner ganzen Wissenschaft.«

Über das Gewicht, das der Großvater auf Klarheit im Unterricht legte, schreibt der Enkel: »Seine Tendenz, möglichst nichts im Unklaren zu lassen, offenbarte sich in seiner Gewohnheit, seinen Schülern dadurch eine richtige Vorstellung von den im Talmud erwähnten Maßen zu geben, daß er Gefäße mit von ihm genau vorgeschriebenem Rauminhalt anfertigen ließ und sie während des Lehrvortrages bei Bedarf zeigte. Diesen Anschauungsunterricht dehnte er auch auf das Gebiet der Anatomie aus: In einem nur hierfür bestimmten Schrein hielt er zwei Miniatur-Nachbildungen menschlicher Körper verwahrt: eines Mannes und einer Frau. Diese beiden Figuren, die auch mit der Nachbildung der inneren Organe ausgestattet waren, stellten ein wahres Kunstwerk dar. Sie dienten zur Instruktion beim Lernen mit den reiferen Schülern, wenn Themen behandelt wurden, bei denen die Anatomie des menschlichen Körpers eine Rolle spielte (...). Seine Liebe zur Klarheit zeigte sich auch in der Art und Weise seines Lernvortrages: Ob dieser nun mehr in die Breite oder mehr in die Tiefe ging, immer drückte er sich mit möglichster Präzision aus, um sich auch den Minderbegabten verständlich zu machen. Hatte er einmal ein Thema angeschnitten, dünkte es den Hörer, als ginge ihm ein neues Licht auf, als hätte er den Gegenstand bisher nie richtig begriffen – so stark wirkte seine exakte Vortragsweise, die keinen Buchstaben der oft schwierigen Talmudtexte unbeachtet und unerklärt ließ. In Zusammenhang mit diesem seinem Streben nach Klarheit steht der große Wert, den er auf die Wiederholung des Lehrstoffes legte. Die Bedeutung des Wiederholens kam auch im Lehrplan der Jeschíwa zum Ausdruck: Im letzten Monat sowohl des Sommer- als des Wintersemesters hörte der reguläre Lernbetrieb auf, damit die Schüler nochmals alles Gelernte durcharbeiten konnten, im Hinblick auf die bevorstehende Schlußprüfung.«

Weiter schreibt der Enkel: »Hand in Hand mit der intellektuellen ging die geistige Betreuung der Schüler. Viel Ethisches findet sich bereits im Talmud. Außerdem trug der Meister seinen Schülern vor jedem Kolleg etwa eine Viertelstunde aus dem im Mittelalter entstandenen Moralbuch ›Herzenspflichten‹ vor, um ihr Herz für Gottesfurcht und Menschenliebe zu begeistern. Wenn diese moralischen Anweisungen auf fruchtbaren Boden fielen, so deshalb, weil der Meister sie selbst vorlebte. Häufig pflegte er sich seinen Schülern gegenüber zu äußern: ›Glaubt mir, daß ich, sobald ich einen Tag nicht aus den ›Herzenspflichten‹ oder einem anderen Moralbuch gelesen habe, spüre, wie mein religiöses Gefühl etwas erkaltet.‹ Gar sehr schärfte er ihnen ein, zu reden, wie sie im Herzen dächten, so daß ihr Äußeres ihrem Inneren entspreche, und sich um Bogenschußweite fernzuhalten von allen verlogenen und unaufrichtigen Personen, sollten sie auch mit Tora und Talmud vertraut sein.«

Und schließlich: »Kein Lehrer-Schüler-Verhältnis gedeiht ohne gegenseitige Zuneigung. Was Moses Schreiber betrifft, so ließ er sich seine Liebe zu seinen Schülern nicht anmerken. Diese kannten aber ihren Lehrer, und ihre Ehrfurcht, mit der sie zu ihm aufsahen, wurde nur übertroffen durch ihre geradezu kindliche Liebe zu ihm. Aus dieser Anhänglichkeit der Schüler zu ihrem Lehrer resultierte auch der Zusammenhalt und die Anhänglichkeit der Schüler untereinander, die stark und mächtig genug waren, noch nach Jahren der Trennung die geistige Verbundenheit aufrechtzuerhalten. Hatten sie nicht alle den selben Meister, der ihnen den zu beschreitenden Weg wies und ihr Tun und Lassen beeinflußte? Es war ein seelisches Labsal für die ehemaligen Jeschíwa-Jünger, sich in seliger Erinnerung in die Studienzeit zurückzuversetzen und sich den Meister zu vergegenwärtigen, seine Gewohnheiten und Eigenheiten, sowie seine Art des Gottesdienstes. Ein Abglanz der Herrlichkeit des Meisters schwebte zeitlebens über den Schülern und bewahrte sie vor Abwegen und Sünde.«[31]

5. Zur Geschichte der Kindererziehung im Judentum

Aus dem dritten Jahrhundert stammt der zum geflügelten Wort gewordene Ausspruch des Gesetzeslehrers Resch-Lákisch (Sabbath 119b): »Die Welt kann nur bestehen durch den Atem der kleinen Schulkinder.« Dieser Ausspruch ist von antithetischer Bildhaftigkeit: Ein schwacher Hauch, der Atem kleiner Kinder, ist imstande, die ganze Welt zusammenzuhalten. Gemeint ist, daß nur das Einpflanzen der sittlichen Lehren in die kommende Generation, schon von früher Kindheit an, den Fortbestand der sittlichen Weltordnung garantiert. Im Judentum wurde in ältesten Zeiten das Kind durch Vater und Mutter unterwiesen. »Höre, mein Sohn«, mahnen die Sprüche Salomons (1,8), »die Zurechtweisung deines Vaters, und laß nicht ab von der Lehre deiner Mutter!« Sicherlich wurden die Kinder daneben auch gruppenweise unterrichtet. Ein regelrechter Schulunterricht wurde aber erst in der Mitte des ersten Jahrhunderts unserer Zeitrechnung durch den Hohepriester Josua, Sohn des Gámla, eingeführt, von dem der Talmud berichtet (Baba Batra 21a): »Dankbar sei gedacht jenes Mannes, Josua, Sohn des Gámla, war sein Name, ohne den die Lehre in Gefahr gewesen wäre, der Vergessenheit anheim zu fallen. Denn ursprünglich wurde das Kind vom eigenen Vater unterrichtet; wer keinen Vater hatte, dessen Unterricht war nicht gesichert. Man ging daher dazu über, Kinderlehrer in Jerusalem anzustellen; aber auch diese Maßnahme erwies sich als ungenügend, denn von nun an wurde zwar jedes Kind, das einen Vater hatte, nach Jerusalem gebracht und erhielt dort Unterricht, – wer aber keinen Vater hatte, blieb zuhause, so daß seine Unterweisung weiterhin ungesichert blieb. Daraufhin ordnete man an, daß in jedem Distrikt Kinderlehrer angestellt werden sollen, und machte für alle Jungen von 16–17 Jahren an den Unterricht zur Pflicht. Auch diese Maßnahme erwies sich jedoch als ungenügend, denn der Übermut der Jugend bewog die Jünglinge öfters, wenn sie vom Lehrer gescholten wurden, zu rebellieren und die Schule zu verlassen. Da endlich kam Josua, Sohn des Gámla, und ordnete an, daß Kinderlehrer in jedem Distrikt, und innerhalb des Distrikts in jeder Ortschaft, eingesetzt werden sollen und daß die Schulpflicht der Jungen im Alter von 6 oder 7 Jahren beginnt.« Soweit der Bericht des Talmud über die Entwicklung des jüdischen Schulwesens. Durch Josua ben Gámla wurde also die Basis geschaffen für ein organisiertes Schulwesen, wie wir es heute noch in allen zivilisierten Ländern haben. Unterrichtsgegenstände waren die Bibel und die jüdische Kultus- und Sittenlehre, aber auch allgemeines Wissen konnte schon deshalb nicht vernachlässigt werden, weil die jüdische Lehre in alle Bezirke des Lebens eingreift, daher z.B. astronomische Kenntnisse zum Verständnis des jüdischen Festtagskalenders nötig sind. Das Verdienst des Josua, Sohn des Gámla, ist umso größer, als es in den umliegenden Staaten keine guten Vorbilder für das Erziehungswesen gab. Es gab zwar in Griechenland Philosophenschulen, die Ausbildung der Jugend war aber meist ehemaligen Sklaven, oft moralisch minderwertigen Individuen, überlassen. Als eine Religion sittlicher Ideen schuf das Judentum zwar keine Philosophenschulen, legte aber umso mehr Wert auf das Sittengesetz, und dementsprechend waren auch die von Josua geschaffenen Schulen vor allem Anstalten der sittlichen Erziehung, und als Lehrer konnte nur in Frage kommen, wer selbst einen einwandfreien Charakter hatte. Diese systematische Erziehung der Kinder wurde zum zentralen Instrument der Erhaltung des Judentums in den Ländern der Zerstreuung, und wo diese Erziehung nicht gewährleistet ist, wie z.B. in Sowjetrußland bis auf den heutigen Tag, bedeutet dies den langsamen Untergang des Judentums in dem betreffenden Land. »Zwei heidnische Denker«, berichtet eine jüdische Legende, »sprachen zu ihren Zeitgenossen, welche Israel schwächen wollten: ›Geht hin in die jüdischen Schulen, wo die Kinder zur Beobachtung und Befolgung des Sittengesetzes herangebildet werden! Dort ist der Quell der Stärke Israels, dort das Geheimnis seiner Unverwüstlichkeit. Wollt ihr sie besiegen, so müsset ihr jene Stätten angreifen.« (Bereschit rabba 65)[32] Tatsächlich lesen wir in einer anderen Legende (Echa rabba, Kap. 1): »Komm und sieh, wie sehr Gott die kleinen Schulkinder liebt: Als bei der Zerstörung Jerusalems die Macht und das Ansehen des großen Sanhedrions zusammenbrach, ja selbst als der Glanz der diensttuenden Priester erblaßte, wich die göttliche Majestät (die Schechiná) noch nicht von Jerusalem. Erst als die Schulkinder weggeführt wurden, da zog auch die göttliche Majestät von Zion weg. Daher heißt es in den Klageliedern (1,5): ›Zions Kinder gingen gefangen vor dem Feinde daher‹, und unmittelbar darauf (V.6): ›Und es ging weg aus der Tochter Zion all ihr Glanz.‹«[33]

Der Wert der Schule als Instrument nicht nur der intellektuellen, sondern auch der sittlichen Erziehung und somit auch die große Bedeutung der Lehrer, ist heute in der ganzen zivilisierten Welt anerkannt. Den Lehrern jüdischer Schulen zugedacht, aber auf Lehrer überhaupt anwendbar, ist der Ehrentitel »Wächter der Stadt« im folgenden Bericht aus dem Ende des 2. Jahrhunderts: »Rabbi Jehuda Nasí sandte Gelehrte aus, die die Gemeindeangelegenheiten ordnen sollten. Sie kamen in einen Ort, wo sie keine Lehrer vorfanden. Da sagten sie zu den Ortsbewohnern: ›Führt uns die Wächter der Stadt vor!‹ Da führte man ihnen die Vögte der Stadt vor. Die Gelehrten aber sagten zu ihnen: ›Wie, das sollen die Wächter der Stadt sein, sie sind ja nichts weiter als die Zerstörer der Stadt.‹ ›Aber‹, sagten jene, ›wer sind die Wächter der Stadt‹? Worauf die Gelehrten erwiderten: ›Die Lehrer der Kinder‹.« (Jer. Chagiga I)[34]

VII. Das ›Heilige Land‹

1. Zionshoffnung vor der Entstehung des Zionismus

Der politische Zionismus hätte nicht entstehen können, wenn nicht die vorangegangenen Generationen die Zionshoffnung auf religiöser Basis wachgehalten hätten. Wer kennt nicht, zum Beispiel, die im 12. Jahrhundert von Jehuda Halevi verfaßte, in die Synagogenliturgie aufgenommene Ode an Zion, genannt die Zionide!? Lassen wir einmal die klassischen Beispiele beiseite und wenden uns einer Predigt zu, gehalten 1833 vom uns schon bekannten Preßburger Oberrabbiner Moses Schreiber. In diesem Jahr – 1833 – sprach das ungarische Magnatenhaus zu Preßburg den Juden im Land die gleichen Rechte zu wie den übrigen Bevölkerungsteilen. Zu Ehren dieses Ereignisses brachte der Rabbi in einer Predigt öffentlich den Dank der Judenheit zum Ausdruck. Darauf warnte er seine Glaubensgenossen vor den möglichen Gefahren der Emanzipation durch folgende Gleichnisrede:

»Ein König herrschte über ein großes Reich. Er hatte einen einzigen Sohn, den er über alles liebte und auf den er seine ganze Hoffnung setzte. Aber vor lauter Wohlergehen und Sorglosigkeit artete der Sohn aus. Ein Geist der Widerspenstigkeit war über ihn gekommen. Der König wies ihn zurecht, aber die Ermahnungen schlugen nicht Wurzel in seinem Herzen. Da schickte der König Fürsten zum mißratenen Sohn, um ihn durch gütiges Zureden oder Drohungen zu beeinflussen. Als auch deren Mühe vergebens war, sah der König keinen anderen Ausweg, als seinen Sohn in ein fernes Land zu verjagen, zu Bauern, die ihn knapp hielten bei einfacher Kost. Nach langer Zeit regte sich das Mitleid des Vaters, und so schickte er Architekten in das Dorf, die dem Sohn im Auftrag des Königs einen Prachtbau errichteten. Auch schickte er Diener zu seinem Sohn, dessen Wunsch ihnen Befehl war. Der Sohn freute sich zunächst gar sehr, aber bald verwandelte sich der Jubel in Betrübnis, weil er sich sagen mußte: wenn dies der Wille meines Vaters ist, gedenkt er gewiß, mich noch lange Zeit hier bleiben zu lassen; denn wenn dem nicht so wäre, warum hätte er dann meinethalben so große Ausgaben gemacht? Dieser Gedanke verbitterte seinen Geist. Er weinte und flehte zu seinem Vater, und also schrieb er in einem Brief: ›Mein innigst geliebter Vater! Freudig berührt es mich, daß Deine Liebe zu mir neu erwacht ist, daß Du Dich um mich bemühst. Herzlichen Dank dafür! Aber andrerseits muß ich aus Deinem Vorhaben entnehmen, daß Du mich ohne Zweifel noch lange Jahre hier wohnen lassen willst. Ist aber dem so, dann weh mir ob meines Unglücks. Bis nun habe ich tagtäglich gehofft, heimkehren zu können, da ich auf Deine väterliche Barmherzigkeit zählte; jetzt aber sehe ich, daß meine Erwartung trügerisch gewesen ist. Ach, Krone und Reich möchte ich gern hergeben gegen die Erfüllung meines einzigen Wunsches: daß Du mich zurückbringst in Dein Reich, in Dein Haus, in Deine Wohnung!‹

Nun die Anwendung des Gleichnisses: Gott, der König aller Könige, ist unser Vater und wir sind seine Kinder, wie es heißt: ›Kinder seid ihr dem Ewigen, eurem Gott.‹ Wir durften gleichsam von Seinem Tische essen im Lande Israel, dem Land, das ›von Milch und Honig fließt, in dem nichts fehlt.‹ Aber leider verdarben wir unseren Lebenswandel, verließen die Pfade unserer Väter. Wir trieben es so weit, daß Gott uns durch Vermittlung Seiner Diener, der Propheten, zurechtwies, und das Verwerfliche unseres Tuns klar machte und uns vor dem bitteren Ende warnte. Aber all dies nahmen wir uns nicht zu Herzen, wir sündigten weiter in bezug auf Gebote Gott gegenüber sowie in bezug auf Gebote den Mitmenschen gegenüber. Zuletzt wurden wir aus unserem Land, dem Heiligen Land, vertrieben. In bitterer Verbannung fristeten wir kümmerlich unser Dasein; mit Brot der Armut und Wasser der Bedrängnis ernährten wir uns, und Gott galt unser Gebet: Er möge den alten Zustand wieder herstellen und uns in unser Land zurückführen. Da regte sich Sein Erbarmen mit uns, unsere Last gedachte Er leichter zu machen auf unseren Schultern und uns mehr Raum zu verschaffen. Er gab, daß wir Gnade und Wohlgefallen in den Augen des Königs und der Fürsten fanden. Diese wurden zu Seinen Beauftragten, sie schenkten uns die Emanzipation, die volle Gleichberechtigung mit den anderen Bürgern. Dies ist tatsächlich eine große Wohltat für uns, und wir sind ihnen zu großem Dank verpflichtet. Aber trotz dieser Verbesserung unserer äußeren Lage sind wir im Innern voll trüber Gedanken und voll Befürchtungen, daß wir nun nicht so bald die Rückkehr ins eigene Land erleben dürfen. Was soll also, wenn dem so ist, der übergroße Jubel? Hat nicht Gott Seinen wahren Segen für *unser* Land verheißen?« Laut Bericht des Enkels, Rabbi Salomo Schreiber, beendete der Preßburger Rabbi seine Predigt mit einer dramatischen Aufforderung: »So laßt uns denn, meine Brüder, mein Volk, unsere Herzen ausrichten und unsere Hände ausbreiten zu unserem Vater im Himmel: Bitte, führe uns in unser Land zurück, die Kinder zurück an den Tisch des Vaters!«[35]

Diese Predigt ist ein Beispiel dafür, daß der religiös-emotionale Hintergrund des zionistischen Gedankens im Judentum immer gegenwärtig war.

2. *Sehnsucht nach dem ›Heiligen Land‹*

Die Sehnsucht nach dem Heiligen Land kann in der heutigen Zeit leicht gestillt werden, indem man sich ins Flugzeug setzt und von den entferntesten Ecken der Welt in ein paar Stunden in Israel ist. Die Jahre und Jahrhunderte vor der Gründung des Staates Israel war das anders. Da gehörte früher viel Idealismus dazu, die Schwierigkeiten einer Schiffsreise und des Wohnens unter primitiven Verhältnissen auf sich zu nehmen. Wie man in den Geschichtsbüchern nachlesen kann, waren die Versuche, das Land zu besiedeln, im Mittelalter und in der Neuzeit oft mit Lebensgefahr verbunden.

Der literarische Niederschlag der Zionshoffnung in Dichtungen und Gebeten ist bekannt. Hier seien nur einige kleine Belege wiedergegeben, sozusagen Momentaufnahmen, die sich abseits der Heerstraße der Geschichte abgespielt haben: ein paar Äußerungen, Vorkommnisse, Legenden, die auf verschiedene Weise die Liebe zum Heiligen Land spiegeln.

Beginnen wir mit den emotionalen Formulierungen eines sonst eher kühl-juristisch denkenden Rabbiners, Abraham Elijáhu Kaplan, geb. 1890, gest. 1924 im Alter von 34 Jahren in Berlin, wo er Dozent des dortigen orthodoxen Rabbinerseminars war. 1921 schrieb er in einem Aufsatz unter anderem: »Land Israel! Erez Jisrael! Dies ist das Land, das, seit das jüdische Kind in der Diaspora das hebräische Wort für ›Land‹ – ›Erez‹ – mit seinen Lippen formulieren kann, – seit diesem Moment *sein* Land ist, das Land seiner Seele. Und wenn er es auch noch nie gesehen hat, und wenn es auch seine Väter und die Väter seiner Väter nie gesehen haben seit Tausenden von Jahren, so ist es ihm doch nahe, ist es ihm lieb und teuer, wie wenn es ein Teil seines Lebens wäre. Die Sehnsucht des frommen Juden nach dem Heiligen Land gleicht der Sehnsucht eines Kindes nach seiner Mutter. Stets denkt er: Wann wird sich mir die Gelegenheit bieten, im Land zu wohnen?«[36]

Dem Verfasser dieser von echtem Gefühl zeugenden Worte war es nicht vergönnt, in das damalige Palästina einzuwandern; er starb, wie gesagt, 1924 in Berlin, ohne das »Heilige Land« selbst gesehen zu haben.

Nun vom Rabbi zum Schriftsteller. Der Nobelpreisträger S. J. Agnon läßt den Helden seines Romans »Brautsuche« einen berühmten chassidischen Rabbi besuchen. Nachdem er weggegangen, läßt ihn der Rabbi nochmals zu sich rufen und ihm sagen: »Reb Júdel, als du bei mir warst, sah ich zu deinen Häupten ein großes Licht von den Lichtern des Landes Israel. Warst du etwa dort?« »Nein«, antwortete Júdel, »dies war mir noch nicht vergönnt. Aber vielleicht stammt das Licht von der tiefen Sehnsucht, die ich für das Land Israel empfinde.«[37]

In seiner Erzählung »Im Herzen der Meere«, die wie dieser Roman Agnons im Polen des 19. Jahrhunderts spielt, gelangt eine Gruppe von Idealisten nach stürmischer Fahrt »im Herzen der Meere« tatsächlich ins Heilige Land. Bei der Ankunft läßt es

Agnon zu folgenden dramatischen Szenen kommen: »Als die lieben Menschen an Land kamen, warfen sie sich zu Boden, küßten die Erde des Landes und brachen in eine Flut von Tränen aus ... Wie mochten Söhne, die in ihres Vaters Haus heimkehrten und das Haus verwüstet fanden, nicht weinen!? Doch selbst inmitten der Trauer freuten sie sich darüber, daß ihnen die Heimkehr vergönnt war. Einer faßte den anderen, jener den Nächsten bei der Hand, und sie sangen den Bibelvers (Ps. 122, 1): ›Wie froh bin ich! Man sagt mir, wir gehn in Gottes Haus.‹«[38]

In der zweiten Hälfte des 18. Jahrhunderts wanderten Chassidim-Rabbis nach Palästina ein und brachten so den Chassidismus ins Heilige Land. Einer von ihnen war Seéw Wolf aus Sbárasch (Rußland), dessen Frau sich als Wäscherin verdingte, damit ihr Mann nicht auf Almosen angewiesen war. Ein neu eingewanderter Rabbi rief mitleidig aus: »Die Arme muß ihre Wäsche selber waschen!« Sie aber entgegnete: »Rabbi, gräme dich nicht, es ist nicht unsere Wäsche, es ist die Wäsche anderer Leute, wir verdienen damit unseren Lebensunterhalt und danken Gott, daß es uns vergönnt ist, uns im Heiligen Land von unserer Hände Arbeit zu ernähren!«[39]

Von einem merkwürdigen Fall von Zionsliebe berichtet ebenfalls der jüngst verstorbene Bibliograph Naftáli Ben-Menáhem, nämlich von einem Mann, dessen Gebetbuch nach Palästina gelangte, er selbst aber nicht. Er war ein einfacher Mann aus dem Städtchen Marmorosch in den Karpaten, der im Alter, als alle seine Kinder verheiratet waren, beschloß, den Traum seines Lebens wahr zu machen, nämlich: im Heiligen Land zu wohnen. Für seine religiösen Gegenstände, darunter ein ledergebundenes Feiertags-Gebetbuch, ein Familienerbstück, ließ er von einem Eisenschmied einen soliden eisernen Kasten anfertigen, mit zwei Spezialschlössern, die wir heute als Nummernschlösser bezeichnen würden. So schien seine wie auch des Gebetbuchs Ankunft im Heiligen Lande gesichert. Doch der Mensch denkt, und Gott lenkt: Inmitten der fieberhaften Reisevorbereitungen erlitt unser Mann – Moses Samuel hieß er – einen Herzschlag und starb. Sein Sohn Isaak erbte mit dem gesamten Inhalt des Kastens auch das Gebetbuch, dachte aber nicht an Auswanderung, ebensowenig wie dessen Sohn Menáchem, der seinerseits den Prachtband vom Vater erbte. Naftáli Ben-Menáhem, der Erzähler unserer Geschichte, erinnert sich, daß er als Kind diesen Menáchem beobachtete, wie er am Neujahrsfest aus diesem Gebetbuch mit den großen vergilbten Blättern betete. Es war kein gewöhnliches Beten: Jeder Blick in das Buch erinnerte an Generationen von lieben Vorfahren, die das Zeitliche gesegnet hatten, deren Schatten aber noch zwischen den Blättern des ehrwürdigen Bandes schwebten. Das Schicksal wollte es, daß der Band gleich nach diesem Neujahrsfest abhanden kam und seither als verloren galt. Jahre vergingen. Der Besitzer des verlorenen Gebetbuchs kam in Auschwitz um; der Verfasser des Berichtes, Naftáli Ben-Menáhem, siedelte sich in Jerusalem an. Als Bibliograph pflegte er Buchhandlungen nach antiquarischen Büchern abzusuchen. Eines Tages fand er – oh Wunder – unter einem Haufen scheinbar wertloser alter Bücher unser Gebetbuch. So gelangte also das Gebetbuch – wenn auch nicht sein Besitzer – schließlich doch nach Jerusalem.[40]

3. Die Odyssee eines jemenitischen Gebetbuchs

Die Juden des im Südwesten der arabischen Halbinsel gelegenen Landes Jemen sind dort seit über zweitausend Jahren beheimatet, manche nehmen sogar an, daß die Einwanderung bereits zur Zeit des salomonischen Tempels begann. Infolge der Abgeschlossenheit dieser Gegend kamen die jemenitischen Juden sehr selten in Kontakt mit Juden in anderen Ländern der Diaspora und konnten daher ihr religiöses Brauchtum in ungebrochener Kontinuität bis in unsere Zeit bewahren. Ihre Liebe zum Heiligen Land zeigte sich daran, daß noch vor der Staatsgründung, in den Jahren 1919 bis 1948, etwa 16000 Jemeniten nach Palästina auswanderten.

Unmittelbar nach der Staatsgründung wurden 43000 jüdische Jemeniten nach Israel geflogen, in der sogenannten »Aktion Zauberteppich«, so genannt, weil den abseits der technischen Zivilisation lebenden Jemeniten die Flugzeuge wie Zauberteppiche vorkamen. Im Lande Israel sind die Jemeniten an ihrer dunklen Hautfarbe, ihrer mageren Gestalt und ihren Schläfenlocken zu erkennen. Sie sind beruflich voll integriert als fleißige Landwirte und Handwerker, insbesondere Silberschmiede. Ihre kulturelle Eigenart bewahren sie naturgemäß am besten in reinen Jemenitensiedlungen, deren größte, Rosch Ha-ájin, 12000 Einwohner zählt. Es gibt dort 66 Synagogen, aber nicht ein einziges Kaffeehaus. Die folgende wahre Geschichte wirft Licht sowohl auf ihre tiefe Religiosität als auch auf ihre Liebe zum Heiligen Land.

Vor hundert Jahren, so wird berichtet, gönnte sich ein reicher und frommer Jude in Jemen das extravaganteste Vergnügen, das sich ein reicher und frommer Jude in Jemen leisten konnte: Er ließ für seinen persönlichen Gebrauch ein handgeschriebenes Gebetbuch anfertigen. Diese Liebe zur Religion verband er mit der Liebe zum Heiligen Land dadurch, daß er einen Schreiber nach Jerusalem entsandte mit dem Auftrag, das Gebetbuch dort, sozusagen in heiliger Atmosphäre, zu schreiben. Man schrieb das Jahr 1888. Sechs Jahre zuvor waren die ersten jemenitischen Juden nach Palästina ausgewandert. Gleich diesen wanderte unser Schreiber zu Fuß nach Aden, fuhr dann per Schiff nach Port Said, von dort mit der Eisenbahn nach Jaffa, von wo aus er sich, wieder zu Fuß, nach Jerusalem begab, dem Endziel seiner Reise. Fünf Jahre lang blieb der gewissenhafte Schreiber in Jerusalem. Er lebte wahrscheinlich in einer der höhlenartigen Behausungen des arabischen Dorfes Silwán außerhalb der Stadtmauer, wo auch die damals zahlenmäßig noch winzige jemenitische Landsmannschaft lebte. Der Schreiber schrieb das Gebetbuch in traditioneller Weise mit schwarzer Tinte auf braun koloriertem Papier. Der sentimentale Wert dieses Gebetbuches wurde dadurch erhöht, daß es in der Nähe der Klagemauer geschrieben wurde. Als literarisches Zeugnis besitzt es dadurch besonderen Wert, daß der Schreiber in sein Werk kabbalistische Gebetstexte aufnahm, die aus dem Kreis der Mystiker von Safed stammten und Seltenheitswert besitzen. Viele dieser mystischen Stellen sind mit blau-roten Ausschmükkungen rings um die Schrift herum versehen. Nach Jemen zurückgekehrt, präsentierte der Schreiber, dessen Namen wir nicht kennen, das zweibändige, 750 Seiten umfassende Werk seinem wohlhabenden Auftraggeber, dessen Name ebenfalls nicht überliefert ist. 60 Jahre später, also 1948, als die »Aktion Zauberteppich« einsetzte, befand sich das Gebetbuch im Besitz eines der Nachkommen des Mäzens. Als mit vielen seiner Glaubensbrüder auch dieser Nachkomme nach Israel geflogen wurde, nahm er das geerbte Gebetbuch mit sich. In Israel verkaufte er es einem bereits in den dreißiger Jahren aus Jemen eingewanderten Manne namens Jéchja Gármi, der gleichzeitig Rabbi, Kantor und Buchhändler war. Dem neuen Besitzer kam das wertvolle Gebetbuch bei seiner Funktion als Vorbeter gut zustatten. Er starb 1962 und vererbte das Gebetbuch seinem Sohn Samuel, einem freiberuflich tätigen Diamantschleifer in Natania.

Am Jom Kippur (also dem Versöhnungstag) des Jahres 1973 brach bekanntlich der deshalb so genannte Jom Kippur-Krieg aus. An diesem Tag befand sich Samuel, wie die meisten Juden in Israel, in der Synagoge im Gebet, und wie viele dieser Beter wurde er direkt aus dem Gottesdienst heraus mobilisiert, per Armee-Kurier. Das Gebetbuch, aus dem er betete – es war natürlich das vom Vater geerbte –, nach Hause zu bringen, hatte er keine Zeit mehr; in der Synagoge wollte er es nicht lassen, so legte er es in den Panzer, dessen Kommandant er war.

Samuel Garmi überlebte den Krieg, und auch sein Gebetbuch, aus dem er stets gebetet hatte, wenn besondere Gefahr im Verzug war. Aus Dankbarkeit für sein Überleben beschloß er, die Allgemeinheit in uneigennütziger Weise von diesem Gebetbuch profitieren zu lassen, indem er es – in Gemeinschaft mit der »Gesellschaft zur Förderung jemenitischer Kultur«, die er mit einigen Freunden gründete – drucken ließ und zum Selbstkostenpreis verkaufte.[41]

4. *Bné Brák: die Tora-Stadt*

Wer echtes, traditionelles Judentum im heutigen Israel kennenlernen will, begebe sich nach Bné Brák, einer nur fünf Kilometer von Tel Aviv entfernten, etwa 110000 Einwohner zählenden Ortschaft. Der motorisierte Besucher muß freilich wissen, daß an Sabbaten und Feiertagen auf Grund von Beschlüssen der Gemeindeverwaltung jeglicher Autoverkehr innerhalb der Stadtgrenzen verboten ist. Der von auswärts kommende Autofahrer mag sich ärgern, wenn er die Einfahrt zur Stadt durch Schranken gesperrt vorfindet, für die Einwohner ist diese strikte Einhaltung der Sabbatruhe nicht nur religiöses Gebot, sondern auch ein ökologischer Segen: Jung und alt profitiert davon, daß am Sabbat und an Feiertagen die Luft nicht durch Gestank verpestet ist und daß man sich ohne Angst vor Autos auch auf den Straßen zu Fuß bewegen kann. Besonders für kinderreiche Familien – und religiöse Familien sind meist kinderreich – ist diese Bewegungsfreiheit bei Spaziergängen eine große Erleichterung. Das Stadtbild ist geprägt durch die 400 Synagogen und Betstuben und die vielen großen und kleinen Talmud-Akademien, in denen sich an die 8000 Studenten dem Studium des Talmud und sonstiger religiöser Literatur hingeben. In der größten dieser Akademien studieren allein über 1000 Jünger. Diese Jeschíwa, die auf einem Hügel steht und das ganze Stadtbild beherrscht, ist eine Gründung des 1969 verstorbenen Rabbi Josef Kahanemann. Er war eine charismatische Persönlichkeit, der es während seiner ausgedehnten Reisen in die Diaspora gelang, die Herzen und die Geldbeutel seiner Glaubensgenossen zu öffnen. Dadurch war es ihm möglich, seine Institution ständig zu erweitern, z.B. durch Errichtung eines Studentenwohnheimes. All dies, sagte er von sich, habe er mit 21 Fingern geschaffen – mit den 20 an Händen und Füßen und dem Finger Gottes. Als Rektor seiner Akademie vernachlässigte er nicht seine Lehrtätigkeit, bei der er sich als überragender Kenner des Talmud erwies.

Bné Brák beherbergte auch den berühmtesten Talmudgelehrten seiner Zeit, den wie Kahanemann aus Litauen eingewanderten, 1953 verstorbenen Rabbi Abraham Karelitz. Er war ein Privatgelehrter, der nie eine bezahlte Rabbinatsstelle annehmen wollte, aber wegen seiner überragenden Gelehrsamkeit und menschlichen Eigenschaften von orthodoxen Juden in aller Welt dennoch als oberste Instanz in allen religiösen Fragen anerkannt war. Die Hochschätzung des Rabbi auch in nicht-religiösen Kreisen zeigte sich darin, daß Ben Gurion, als er sich in seiner Eigenschaft als Ministerpräsident mit dem Rabbi über Fragen der Religion im Staat Israel beraten wollte, ihn nicht etwa nach Jerusalem, seinem Amtssitz, bemühte, sondern sich höchstpersönlich nach Bné Brák begab, um mit dem Rabbi in seiner armseligen Wohnung zu konferieren.

Eine Reportage über Bné Brák aus der Feder des Journalisten Menachem Michelson[42] beginnt mit der Feststellung, daß in Bné Brák, dieser Stadt mit der höchsten Geburtenziffer und der niedrigsten Zahl von Verbrechen in Israel, sich alles um die Religion drehe; insofern sei Bné Brák mehr als eine Ortschaft – es sei ein *Phänomen.* Der Reporter meint sodann, der reine orthodoxe Lebensstil, wie er dort vorherrsche, sei nirgends sonst in der Welt zu finden. Dazu sei angemerkt, daß man natürlich auch in Jerusalem und anderen Städten Israels und der Diaspora Stadtviertel mit reiner orthodoxer Lebensweise antrifft, aber eben nur Stadtviertel, wie in Jerusalem Méa Shearím, nicht ganze Städte. Der Verfasser zitiert sodann den Spruch: »Bné Brák ist zwar nicht das Paradies, wohl aber die Straße, die zum Paradies führt.« Er bemerkt dazu aber, daß Bné Brák angesichts der Zwistigkeiten innerhalb der verschiedenen orthodoxen Gruppierungen und Ausrichtungen noch weit davon entfernt sei, eine Straße zum Paradies zu sein. In einer Beziehung jedoch, stellt der Reporter fest, seien sich alle orthodoxen Einwohner einig: Am Sabbat und an Feiertagen kein Telephon, kein Autoverkehr, kein Fernsehen. Die meisten Familien besitzen überhaupt kein Fernsehen, wegen seines angenommenen schlechten moralischen Einflusses, vor allem auf Kinder.

Der Reporter schildert den durch Sirenenton angezeigten Sabbatbeginn am Freitagabend, gekennzeichnet durch Abendgottesdienst und häusliche Sabbatfeier. Dann: »Am Sabbatmorgen, nach dem Morgengottesdienst und der Mahlzeit, strömt die ganze Bevölkerung – besonders wenn es ein sonniger Tag ist – familienweise zu einem Spaziergang hinaus in die Straßen, vor allem in die Hauptstraße. Dort trifft man sich, plaudert miteinander, prahlt mit den neuesten Babys. Männer, Frauen und Kinder sind sabbatlich gekleidet; die Frauen tragen ihren sabbatlichen Putz. Gruppen von Teenager-Jungen auf der einen Seite der Straße und Gruppen von Teenager-Mädchen auf der anderen Seite beäugen sich gegenseitig, flüstern, kichern und lachen. Dies ist die lokale Version von Liebesgeschichten.«

Zum Abschluß macht der Reporter darauf aufmerksam, daß Bné Brák schon im Altertum existierte und im Talmud erwähnt wird. »Rámi, Sohn des Jechéskel«, heißt es dort (Ketubot 111b), »kam von Babylonien in das Heilige Land. In Bné Brák angelangt, sah er Ziegen, die Feigen aßen. Honig tropfte von den Feigen und Milch von den Ziegen. ›Dies‹, rief Rámi aus, ›ist das Land, das von Milch und Honig fließt‹ (Deut. 26,9).« »Vielleicht«, meint der Reporter mit Blick auf diese talmudische Erzählung humorvoll, »war Bné Brák schon immer etwas Besonderes.«

Anmerkungen

1 Quellen: Salomo und die Ameisenkönigin: Aus dem mittelalterlichen jüd. Sagenbuch Schemuot minni qedem (Sagen aus früheren Zeiten), abgedr. in hebräisch bei J. Lerner, Kol agadot Jisrael (Alle Sagen Israels), [14]1968, Bd. 3, S. 371, Nr. 329. Aus dem Hebr. übers. v. L. Prijs. – Shlomo ha-melekh noded la-lechem (König Salomon bittet um Brot): Lerner a. a. O., Bd. 3, S. 380, Nr. 333, übers. v. L. Prijs. – Shtej aruchot (Zwei Mahlzeiten): Lerner, a. a. O., Bd. 3, S. 383, Nr. 343, übers. v. L. Prijs.
2 Quelle: Die jüdische Literatur seit Abschluß des Kanons, hg. v. J. Winter u. A. Wünsche, 3. Bd., Trier 1896, S. 636–638 u. 638f.
3 In: Festschrift für G. Scholem, Jerusalem 1967, S. 133.
4 Deutsche Übers. des ethischen Testaments des Moses Schreiber in: L. Prijs, Der dreifache Faden, Basel 1952, S. 143ff.
5 Testament der Simcha Lehmann in: J. Liebermann, Rabbi Akiba wetorato, Jerusalem 1960, S. 177–179.
6 M. Lazarus, Die Ethik des Judentums, Frankfurt a. M. 1898, S. 274 u. 279.
7 M. Buber, Erzählungen der Chassidim, Zürich 1949, S. 276.
8 Ebda. S. 617.
9 Jerusalem 1960, Edition Schocken, S. 283ff.
10 Vgl. auch M. Braunschweiger, Die Lehrer der Mischnah, Frankfurt a. M. 1903, S. 250f.
11 In: E. bin Gorion, Geschichten aus dem Talmud, Frankfurt a. M. 1966, S. 309.
12 Ebda.
13 Ebda. S. 318.
14 Bekannteste Sammlung: M. Buber (s. Anm. 7).
15 Lexikon des Judentums, Gütersloh 1971, S. 146.
16 Quellen: Geschichte vom Gelehrten und dem Handwerker: A. Steinmann, Be'er ha-Chasidut (Quellen des Chasidismus), Bd. Sefer ha-Bescht (Buch des Ba'al Schemtow), Edition Kneset, Tel Aviv ohne Jahr, S. 216f. – Geschichte vom Schafhirten, der nicht beten konnte: Ebda. S. 185f. – Geschichte von Baal-Schem und dem Wasserträger: Ebda. S. 186f.
17 B. Heinemann, The Maggid of Dubno And His Parables, Jerusalem/N. Y. [4]1978.
18 Ebda. S. 7.
19 Ebda. S. 247–250. Übers. aus dem Engl. vom Vf.

20 Ebda. S. 205.

21 Der hier wiedergegebene Auszug wurde aus dem hebr. Original vom Vf. ins Deutsche übersetzt in: Zeitschrift f. Bayer. Landesgeschichte, Bd. 37, Heft 3, München 1974.

22 D. Noy (ed.), Folktales of Israel, London/Chikago 1963, Nr. 19, S. 44ff. Dt. Übers. v. Vf.

23 Ebda., Nr. 34, S. 83ff.

24 Aus: Jefet Schwili erzählt. Volkserzählungen jemenitischer Juden, hg. v. D. Noy, Berlin 1963, Nr. 91.

25 Ebda., Nr. 66.

26 A. Berliner, Aus dem Leben der Juden Deutschlands im Mittelalter, in neuer Fassung hg. v. Ismar Elbogen, Berlin 1937, S. 22f.

27 Ezekiel Kotik, Maine sichroinois, Bd. 1, Berlin 1922, S. 45–48.

28 Bericht von J. Robinson, Parliamentary Correspondent, mit dem Titel: Kaufman recalls the hard days. In: Jewish Chronicle, 18. 4. 1986.

29 Herman Wouk, Er ist mein Gott, Hamburg ^{2}1961, S. 69–72.

30 M. Friedmann, Army of the Lord, in: Jerusalem Post, International Edition, Wochenendausg. v. 7. 3. 1987, S. 15. Dt. Übers. v. Vf.

31 Die Biographie, von S. Schreiber verfaßt, erschien auf Hebräisch in Munbacz (Muncachevo, Ungarn), 1894. Dt. Übers. in: L. Prijs, Der dreifache Faden (s. Anm. 4). Unsere Auszüge ebda., S. 91ff.

32 Zitat nach B. Straßburger, Geschichte der Erziehung und des Unterrichts bei den Israeliten, Stuttgart 1885, S. 33.

33 Ebda., S. 32.

34 Zitat bei Jacob Levy, Neuhebr. und chaldäisches Wörterbuch, Bd. III, Leipzig 1883, S. 383, s.v. »natora« (Wächter, Hüter).

35 Wortlaut der Predigt in: L. Prijs, Der dreifache Faden (s. Anm. 4), S. 119–122.

36 Zitat aus: N. Ben-Menahem, Books of the Mossad ha-Rav Kook, Jerusalem 1970, S. 223f.

37 Hachnasat Kalla, Tel Aviv 1960, S. 107.

38 Im Herzen der Meere und andere Erzählungen, Zürich 1966, S. 109.

39 N. Ben-Menahem. Pitche Schearim, Jerusalem 1967, S. 12f.

40 Ders., Besha'arei Sefer, Jerusalem 1967, S. 233f.

41 Aus einem Artikel v. A. Rabinovich in der Jerusalem Post, International Edition, Wochenendausg. v. 14. 11. 1987, S. 12.

42 In der Jewish Chronicle, Colour Magazin, v. 22. 4. 1988.